人单合一

学得会的
海尔管理法

刘春华 著

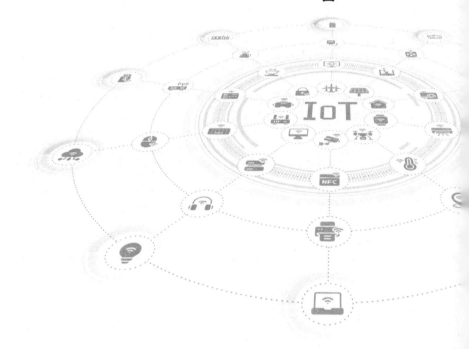

浙江人民出版社

图书在版编目（CIP）数据

人单合一：学得会的海尔管理法 / 刘春华著 . —
杭州：浙江人民出版社，2022.10
ISBN 978-7-213-10586-9

Ⅰ . ①人… Ⅱ . ①刘… Ⅲ . ①海尔集团公司—企业
管理—经验 Ⅳ . ① F426.6

中国版本图书馆 CIP 数据核字（2022）第 074300 号

人单合一：学得会的海尔管理法

刘春华 著

出版发行：浙江人民出版社（杭州市体育场路347号 邮编 310006）
市场部电话：（0571）85061682 85176516
责任编辑：王 燕
营销编辑：陈雯怡 赵 娜 陈芊如
责任校对：何培玉
责任印务：刘彭年
封面设计：重点号设计有限公司
电脑制版：北京弘文励志文化传播有限公司
印 刷：杭州宏雅印刷有限公司
开 本：710毫米×1000毫米 1/16 印 张：17.25
字 数：235千字 插 页：2
版 次：2022年10月第1版 印 次：2022年10月第1次印刷
书 号：ISBN 978-7-213-10586-9
定 价：68.00元

推荐序

海尔的实践逻辑与知识创新

海尔，无论是从其企业战略演进与管理模式革命，还是从其行业地位、区域发展、国际影响来讲，都是"中国故事"的典型案例。国内外管理界与学界对海尔的关注持续了 30 多年。

改革开放、市场经济、高速发展、统一巨型市场等中国情境，加上全球化、新工业革命等国际动因，驱动一批优秀的中国企业进行实践探索，从而呈现出举世瞩目的全新特征，诸如华为的"流程型组织"、字节跳动的"超常规国际化"、海尔的"人单合一"。这些探索为中国企业赢得了显著的竞争优势，也展示了新型管理思想和知识工具的力量，成为许多企业管理者学习的对象，也成为学者研究的热点。遗憾的是，这些成果迄今尚未得到有效的推广。究其原因，一是这些创新成果不是一瞬间思想顿悟的结果，而是在特定企业文化与实际情境中逐步摸索、生成雏形、迭代改进的产物，有其深刻的实践逻辑，甚至实践者也未必讲得清楚，模仿学习容易表面化、碎片化、简单化；二是学界对这些企业实践在结构或流程上外显特征的研究描述已有很多，但还不足以深刻地解释其实践逻辑，而其一般性原理又不实用。

实践逻辑与一般性原理的不同之处在于：一般性原理往往表达为概念与概念之间的关系，这些概念有明确的定义，它们之间的关系可以被清楚地描述；而实践逻辑有时可以呈现为显性知识，有时却隐含在管理行动中，以默会知识的形式在多种关系的作用下或多变的情境中表现出来。

从一些领先企业的情况来看，实践逻辑具有稳定性，能够明显提高日常工作的绩效，也能够为一些意外情况甚至突发事件提供常态化的处理方法，更能够对一些重大问题或主次关系给出解释，为管理决策提供支持。实践者在变化的情境中如何践行这种逻辑，在复杂的关系中如何建立起新的适应性联结，是一个创新的管理模式得以复制和推广的关键命题。管理创新的实践逻辑是可认知并且是可以被其他组织复制的，但需要深挖实践、"译码"逻辑、知识创新。这正是刘春华博士十多年来勠力而为的工作和事业。《人单合一：学得会的海尔管理法》是他对海尔深挖实践、"译码"逻辑、知识创新的最新研究成果。

是不是所有的企业都适合人单合一管理模式？这一点作者在前言、第十二章和书中其他章节做了多次说明。理论逻辑更多关注的是共性逻辑，而实践逻辑更多关注的是个性逻辑。作者的做法是让读者能从逻辑、组织和模式等方面和书中的内容互动，和自己的现实对比，做到举一反三、学以致用。例如，作者通过文献梳理，对科层制下的"人"的界定做了剖析，认为海尔人单合一模式下的"人"已经超越了经济人和社会人，变成了"自主人"和"契约人"。这样总结，学习者就很容易理解海尔推行人单合一模式的底层逻辑与初衷，这一出发点也是所有企业的管理痛点。再如，海尔的财务体系升级为战略—价值财务，成本中心变成了利润中心，起到透视企业价值并引领行业价值的新功能，并对财务体系进行了深度剖析，阐释出默会知识中的内涵，这样学习者就可以根据自己的条件进行再创造，使管理创新真正得以推广。人单合一的实践逻辑在"海尔管理大智慧"和"管理透视"栏目里有充分的描述，是总结也是延展，是归纳更是演绎，不仅是本书的亮点之一，也是学习者应该关注的核心内容。

海尔称自己的管理模式是"背越式"跳高，意思是一个新模式在开始的时候总是受到质疑和不解。让别人理解和认可最好的方式是实践的成功，从这个角度来看，人单合一显然是成功的，世界著名的战略大师加里·哈默也有同样的评价。

加里·哈默是当代最具探索精神的管理专家之一，他与普拉哈拉德合著的《公司的核心竞争力》一文在很长时间里影响着战略管理理论与实践的演进方向。加里·哈默曾多次到访海尔，把海尔作为以传统科层制为变革对象的管理创新的成功案例，并努力从这些案例中归纳出新的理念和原理。加里·哈默对海尔的人单合一"情有独钟"，他与米歇尔·贾尼尼的新著《人本共治》中有一个章节专门阐述人单合一模式，认为海尔是世界上对科层制发起挑战的企业典范。加里·哈默在文中提出了海尔新模式有别于科层制的七个方面，在把大公司转为小微公司、内部垄断组织变为内部契约组织等方面，加里·哈默直言不讳：海尔可能是同等规模企业中最激进的管理组织。

勇敢者必定具有探索精神和实践精神，这恰恰是优秀企业家应该具备的精神。当此世界百年未有之大变局、中国特色社会主义进入新时代，中国的企业界特别需要涌现更多的勇于探索者。本书从七个体系来解读人单合一实践逻辑的脉络，结合案例观察，从组织、流程、预算、财务、运营等立体的视角来解读人单合一的实践逻辑，让它具备启发性和普适性，进而得以推广。这本书与海尔"共创共赢，自创共进"的生态化发展同频共振，可谓勇敢者之作。

作者力求用鲜活的一手案例详细解释人单合一的管理模式精髓，辅以"案例观察""管理透视"及"海尔管理大智慧"等举一反三、归纳总结、学以致用的创新内容，并配有大量实操工具、创客制度、操作流程等帮助读者学习落地执行，以期读者读得懂、记得住，学得会、用得上。尤其是重点章节"海尔管理大智慧"版块的设计，可以便于读者更好地理解书中的实操内容。

白长虹

2021 年 7 月于南开大学

前　言

实践逻辑的人单合一

这本书是逼出来的

十年前就有海尔的关注者和学习者强烈建议我写一本关于海尔管理实操的书籍。但那时我还在海尔任高管，在职写海尔似乎不合适。

后来，我从事企业管理的教学和咨询工作，每年的授课时间在150天以上，我写《华为营销基本法》和《营销拐点突围》两本书都是"三上"场景：飞机上、车上和床上。我曾戏言，或许是习惯使然，我在这三个地方，特别有灵感。

我在课堂上常举例海尔管理成功的案例，企业家学员每次都希望有更贴近海尔管理实战的书籍。每每如此，我总搪塞，不久就能付梓了。

我的博士论文选题在导师南开大学管理学院院长白长虹教授的建议下，研究的就是华为国际化战略和海尔国际化战略的对比。

华为主题的书籍早已出版，海尔主题的书籍还是没有出来。原因之一是海尔的变化很快，一个月没有关注海尔，海尔就有了新的变化。海尔内部的创客更是深有感触：海尔每天都是新的，因为海尔的文化就是要求挑战每一天。

如果以静态的视角看海尔，就永远写不出最新的真实海尔。

海尔的"自杀重生"

海尔在中国是家喻户晓的知名品牌。从 2005 年以来，对中国管理界和管理学术界来讲，海尔是熟悉的又是陌生的。

熟悉是因为海尔"砸冰箱""售后服务独树一帜""日清管理法""美国建工业园"等标签深入人心，人人都能说出海尔的一些故事；陌生是因为海尔近些年来进行人单合一管理模式的推广，专心向内变革，一心谋求嬗变。兼之互联网时代的企业新秀不断出现，人们接收的信息呈几何级数倍增。

以 2005 年为分水岭，2005 年前的海尔是熟悉的海尔，而 2005 年之后的海尔是陌生的海尔。2005 年是海尔正式实施人单合一管理模式的一年。因此，中国的企业管理者和学术界只了解"半个海尔"。

2005 年后的海尔"低调"是因为它在积极探索一条前人从未走过的道路。这条新道路就是适合物联网时代的新管理模式——人单合一管理模式。探索的过程是痛苦的，前程是未知的，犹如"雾中行走"。诚如海尔集团首席执行官张瑞敏先生所言：这种自杀式重生的成功概率，海尔也不能预测。

美国战略大师加里·哈默也直言不讳：张瑞敏让人人做 CEO 的想法很大胆，大胆到几乎疯狂！

这更引起了社会的极大关注——海尔能成功吗？

海尔的时代答卷

成功与否，用户和市场说了算。世界权威调研机构欧睿国际数据显示：2021 年海尔位列全球大型家用电器品牌零售量第一，这也是海尔第 13 次蝉联全球大型家用电器品牌零售量榜首；海尔在 2020—2022 年疫情期间逆风飞扬，诸多生态品牌如生物医疗和卡奥斯表现优秀，海创汇的赋能创客平台涌现出的新物种，旗下美国 GEA 和新西兰斐雪派克实现两位数增长，利润又创历史新高……

2022年7月26日，世界品牌实验室（World Brand Lab）发布2022年"中国 500 最具价值品牌"分析报告。这份基于财务数据、品牌强度和消费者行为分析的年度报告中，国家电网、中国工商银行、海尔成为中国最具价值的前三大品牌。其中，海尔连续 19 年上榜，蝉联三强，品牌价值达 4739.65 亿元。海尔共进入了 200 多个国家和地区，服务世界各地的 10 亿用户家庭。

世界品牌实验室对海尔的官方评价是："海尔很好地回答了初心与创新的关系：坚守以用户体验为中心的初心，同时不用过去的逻辑书写今天的故事，以生态品牌新范式的创新与用户、生态方偕行，凝聚时代的用户认知与心智。"

海尔案例三次入选哈佛大学管理案例库，有两次是以人单合一的创新管理案例入选，被"商业生态系统"概念创造者、管理科学家詹姆斯·F. 穆尔评价为：海尔是组织和生态系统创新的领导者。战略管理学家威廉·马勒克评价说，海尔是物联网时代组织模式变革的基准，是全球企业组织变革的一个方向。

海尔以人单合一管理模式引领生态品牌的崛起，正在为中国"建设一批产品卓越、品牌卓著、创新领先、治理现代的世界一流企业"贡献生态力量。海尔以人单合一管理模式创新向时代交出了一份答卷，如果这份答卷有个名字，那就是"物联网时代的新管理范式"。

社会需要一本海尔管理实操书籍

中国的企业家和学术界需要一本介绍海尔最新管理模式的实操书籍。北京大学和清华大学总裁班的负责人给我打电话，说关于海尔人单合一的管理实操书籍，不能再拖了。其实我一直默默关注海尔，并多次到海尔实地调研。在大家的强烈要求下，我写成了这本书。

人单合一的学习仿佛是中国企业的"必修课"。海尔集团近40年稳健、快速和有时代节奏的创新发展是中国改革开放以来中国企业成功发展的缩影。海尔的成功绝不仅仅是它为社会提供了几万个型号的家电产品，而是它力求与时俱进、不惜自我否定的创业创新精神和敢于突破科层制带来的"大企业病"的管理探索，敢于在组织、流程和机制上进行创新驱动，积极寻找企业发展的"第二条曲线"。

社会上不乏林林总总写海尔的书籍，尤其是人单合一模式推行之前的书籍，但专注于海尔第五和第六阶段的书籍不多，而且关注点多是管理哲学和管理逻辑，从体系上系统介绍人单合一模式的书更是少之又少。

原因大概有两个。一个是人单合一是超前的模式，有学者认为人单合一是未来的模式，对此的研究有些晦涩难懂，著书更是难上加难。第二个原因是海尔的变化太快，而且小微链群的组织方式和经营模式本身的特质就是动态和开放的。人单合一管理基于物联时代背景，是生态网络的，是随时迭代的，犹如变革后的小微组织的自组织、自驱动、自增值和自进化。

这两个原因激发了我无穷的斗志，书籍更应该早日付梓。超前的管理更有价值，当你看得懂，往往已经来不及了。海尔成功法则里有一项：在时代变化之前主动变化自我。海尔的变化快是因为变者生存，写书也是如此，否则"当所有的灯都绿了，你永远无法开车"——当然，我说的"车"是商业上的抽象的"车"。

企业管理者的继续教育和学历教育不同，他们更希望"拿来主义"，"不为所有，但求所用，更因所思"。企业家深谙"取势、明道、优术"的逻辑，前两者在直接实践中很容易得到，但"优术"的创新方法之一是对标学习，引发新思考，激发新行为，才会有"优术"的境界。

实践逻辑视角的人单合一

这本书的特色之一是从实践逻辑的角度来写海尔人单合一管理模式。全书从海尔集团的"三把铁锤"作为索引，阐述了海尔在工业时代、信息时代和物联网时代的三次"砸"的底层逻辑：砸冰箱、砸组织和砸标签。

本书重点阐述了信息时代和物联网时代海尔实现转型升级的人单合一模式，对人单合一的底层逻辑、发展历程和迭代过程进行了透视，详细介绍了海尔人单合一管理模式中的目标体系、组织体系、预算体系、财务体系、薪酬体系、关差体系、运营体系共七大体系，也是迄今为止为数不多的从"复制和借鉴"创客所有制、用户付薪和链群合约等人单合一底层实操工具出发的管理实操书籍，填补了企业实践界和管理学术界缺少海尔最新实操图书的空白。

我力求用鲜活的一手案例详细解释人单合一管理模式的精髓，辅以"案例观察""海尔管理大智慧""管理透视"等举一反三、归纳总结、学以致用的创新内容，并配有大量实操工具、创客制度、操作流程等帮助读者学习落地执行，以期读者读得懂、记得住，学得会、用得上。尤其是"海尔管理大智慧"版的设计，可以让读者更好地理解重点章节的实操内容。

对标学习是需要正确方法的。孔子提倡的学习五步法"博学、审问、慎思、明辨、笃行"，在本书中归纳为"N+1+N"学习模型，在第十二章有详细的介绍。本书对企业实践者的学习和借鉴尤其重视，这也是海尔人单合一的历史使命之一，让新管理模式惠及更多的生态合作伙伴，让"万物共生，彼此共赢"。为此，我总结出海尔人单合一的七个可以借鉴的关键点。

学习学精髓，不可学形式。为了避免学习"误区"，本书还总结出学习本书可能出现的五个"误区"，让企业实践者学习时能够有的放矢，方法科学，做到事半功倍。

国内外企业学习人单合一的成功案例，本书在第十二章也有详细阐述。海尔探索出来的路，企业家们可以观察、学习和借鉴，但不可当看客，而是要做持续创新、实践修正的主人。

群山高耸尽是无名

在张瑞敏的书房里，有一幅书法作品，上书：玉树深藏知其有意，群山高耸尽是无名。这句话是海尔人单合一创客文化的核心价值观之一，其本意是：在玉树的后面藏着很多我们不知道的道理，而群山高耸全部都是没有名字的。这句话的内涵是：海尔的成功无须向外人道，创客们默默无闻，他们才是海尔真正的功臣。

就如这本书的创作过程，这是我和我身后众多人一起挑灯夜战的成果。感谢浙江人民出版社的精心打磨；感谢海尔人单合一模式研究团队真诚敬业的访谈接待；他们在百忙之中安排了多次内部链群小微访谈，并提供了大量的一手资料，再次表示感谢。

更要感谢南开大学商学院院长，我的博士生导师白长虹教授为本书所写的推荐序，感谢品牌中国战略规划院副秘书长魏建玲女士为本书所写的跋文，同时感谢中国海洋大学管理学院院长权锡鉴教授、中国海洋大学管理学院副院长姜忠辉教授、中国海洋大学博士生导师李志刚老师，感谢德国品牌专家狄沛先生，他们对本书的学术和理论指导让我提前完成了书稿。

我还要感谢青岛华商智业企业管理咨询公司的岳邦瑞，他把书中的图片设计得更加美观，还要感谢桂琳等在校稿和图片设计中的辛苦付出。

最后要感谢我的家人对我撰稿期间的支持，我放弃了陪伴家人的时间，他们从未抱怨，深夜电脑前一杯热牛奶的关怀也让我"沉思泉涌华藻云浮，缀响兰深绛言琼秘"。

"群山高耸尽是无名"，一本书的创作过程，离不开"群山"的默默付出，我和他们一样，尽力把书籍的内容撰写得犹如群山环绕的风景一般，也算是对读者的那份深藏的"有意"了。

管理无答案，只有永追问

人单合一管理模式是海尔在物联网时代探索出的管理成果。它所使用的场景是信息文明时代以速度和精准度为核心的商业环境，也就是物联网时代。物联网时代的三种经济是：社群经济、体验经济和共享经济。人单合一通过链群合约很好地把这三种经济融合起来：组织上的类社群化，体验的迭代和增值共享。

莎士比亚说："一千个观众眼中有一千个哈姆雷特。"管理有定式无定法，它是一门科学，更是一门艺术。企业管理模式的创新和企业发展历史、管理现状、市场组成、企业文化等密切相关，因此每个企业都有自己独特的管理思维和管理哲学，没有放之四海而皆准的管理模式。

管理模式探索永无止境，人单合一的持续迭代正在进行。

张瑞敏很喜欢南宋诗人杨万里的一首诗："莫言下岭便无难，赚得行人空喜欢。正入万山圈子里，一山放出一山拦。"人单合一正式推行的前一年——2004年，张瑞敏把这首诗送给海尔的高层管理者，或许用意就是：做企业没有舒服的时候，尤其你是掌握用户资源更多的高级管理者。人间正道，沧桑才多。

张瑞敏很欣赏科里纳先生《管理百年》里面的一句经典："管理上没有最终答案，只有永恒追问。"

愿在路上的海尔和所有的企业都能找到正确的路——因为，道不远人。

刘春华

2022 年 8 月修订于北京

目　录

第一章 ▌ "砸" 出来的生态品牌

导 读

毕庸置疑，海尔已经是实力相当强的世界公认的国际知名品牌。

2021年1月11日，世界权威调研机构欧睿国际数据显示：2020年海尔列全球大型家用电器品牌零售量第一，这也是海尔第12次蝉联全球大型家用电器品牌零售量榜首，标志着海尔场景品牌和生态品牌强劲的市场竞争力。

2021年6月22日，BrandZ最具价值全球品牌榜在法国戛纳揭晓，海尔、腾讯、华为等18个中国品牌入选百强。其中，海尔连续4年以全球唯一物联网生态品牌上榜，品牌价值比2020年提升41%。同时，海尔集团前董事局主席、首席执行官张瑞敏获得"BrandZ最具价值全球品牌——物联网生态品牌创立者"称号，他是唯一获此奖项的企业管理者。

这里所说的生态品牌，是海尔集团2019年开始的第六个战略——生态品牌战略阶段的核心任务，把海尔从传统品牌升级赋能为生态品牌，以适应新时代用户对企业产品或者服务的新型消费。

然而40年前海尔名不见经传。它的崛起始于1984年海尔前首席执行官张瑞敏的上任和1985年张瑞敏举起的那把看似决绝的大铁锤。

20世纪的1985年，物资极度匮乏，冰箱需要凭票购买，即便好不容易托人"淘到"冰箱票，凑够钱后还要排队购买，等待每周数量不多的冰箱购买指标。那一年，青岛电冰箱厂（海尔前身）仓库里发现了76台有质量问题的冰箱。原本这些冰箱打折就可以出售，消费者不会有任何意见，毕竟持票待购的人已经"望穿秋水"。但时任厂长张瑞敏不同意，他认为：产品只有两种，一种是精品，一种是废品，废品是不能出厂的。

海尔一锤成名，铁锤砸掉了落后的质量意识，产品无缺陷的新质量观念深深烙印在每一个海尔人的心里。近40年来，海尔的大铁锤从未放下，以至于业内模仿者甚多——例如一家互联网公司，曾邀请我去见证他们的员工现场砸净水器。这家公司的老板信誓旦旦地说，张瑞敏能砸冰箱砸出知名品牌，我也能把我们的质量意识砸上去。

这家公司的质量意识确实上去了，大铁锤的功劳不可小觑，但他们开始遇到新问题：净水器的应用场景发生了变化——大型公共区域，办公区域，六口家庭，四口家庭，是改造升级设备还是更换水源……面对新的碎片化的场景式需求，公司内研发部和市场部抱怨客户的需求变化太快，过度频繁的新品开发成本太高，但如果不顺势而变，不仅增量市场举步维艰，存量市场也会逐渐缩减。

模仿者的问题在于只看到了海尔的一把大铁锤。其实，海尔还有两把看不见的大铁锤。第二把铁锤砸掉了内部官僚组织和企业的围墙与边界；第三把铁锤砸掉了"家用电器"的标签。

从此，海尔变为没有围墙的花园——当然，海尔最终的目标不只是一个花园，海尔人的梦想是要建成一片广阔无垠的热带雨林，万物丛生，生生不息。

第一节　海尔的三把大铁锤

2010 年 3 月 27 日，张瑞敏在 1985 年抡起的那把大铁锤被中国国家博物馆正式收藏为国家文物。国家博物馆收藏的理由是：那把大铁锤砸醒了人们的质量意识，具有划时代的意义。

2005 年 9 月 21 日，海尔集团时任董事局主席、首席执行官张瑞敏在海尔全球经理人年会上首次提出：海尔在全球市场中取胜的竞争模式就是人单合一。海尔用铁锤砸出来的品质意识和品牌体系不足以支撑即将到来的互联网新时代，海尔亟须再造组织，从而抵御大企业的行动缓慢、信息传递滞后的官僚主义风险。

海尔需要一把砸掉官僚组织的新铁锤。

2005 年，海尔集团抡起第二把大铁锤——砸掉内部组织，这是一次向世界管理权威的挑战。

让世界为之瞠目的不是海尔举起了向 200 余年管理权威发起挑战的第二把大铁锤——砸掉企业内部的科层制组织，而是随后在 2019 年举起的第三把大铁锤——砸掉企业的边界、企业的围墙。海尔要无缝零距离地拥抱物联网时代，企业随之转变为生态平台型组织，原有的模式都将消弭和颠覆。

海尔抡起的第三把大铁锤被称为"砸标签"。原来海尔连续多年蝉联世界白电第一强，物联网时代来了，家电不再是单个产品，它必须融入物联网中成为一个节点，和其他生态伙伴一起构成场景，凝成生态，自己必须撕掉"白电"的标签，重新贴上"生态"标签。

海尔举起的第三把大铁锤就是：换频道换平台发展，砸掉"电器"标签，实施黑海战略，重新塑造"生态"新标签。

一、第一把铁锤：留住了不败的"金花"

在 20 世纪 80 年代初，冰箱行业逐渐涌现出四朵金花：容声、新飞、雪花和海尔（前身为青岛冰箱）。当时，海尔居四朵金花的最末位。

40年过去了，海尔已经成为国际IEC保鲜标准的制定者，成为中国家电业第一个主导制定国际标准的冰箱企业，海尔还制定了全球首个《全空间保鲜电冰箱标准》。世界权威调研机构欧睿国际数据显示：海尔已10年蝉联全球冰箱第一品牌的桂冠。

2021年3月初，我在为河南新乡的企业家授课时，问及新乡当地企业家新飞冰箱的近况，这位咨询公司的老总说："卖掉了，卖给康佳了。"他接连摇头说："当年新飞冰箱火爆的时候，拉冰箱的车排成了几公里的长队，很多人都是因为新飞冰箱才知道了河南新乡。"

"无可奈何花落去，似曾相识燕归来"，容声冰箱和雪花冰箱也相继被海信集团收购。

新乡的企业家授课地址是在国家863新乡科技产业园，授课的案例中我提及冰箱四朵金花的案例，现场的企业家在一片议论后陷入了深思。我授课休息时从教室的窗户放眼望去，竟然看到窗外"海创汇"巨大而又醒目的标牌。海创汇是海尔集团由制造产品向孵化创客转型的创业平台，利用海尔集团大企业产业资源及海创汇开放的生态资源，为中小企业加速赋能。

这就是海尔"换道超车"的新经营理念，当你还在讨论冰箱产品品牌时，海尔已经在生态品牌、场景品牌的赛道上了。

海尔的快速发展，得益于那把铁锤，更得益于砸掉传统组织、砸掉企业围墙和边界的新时代铁锤。海尔"砸"的独特范式使海尔与时俱进，踏准了时代的节拍，冰箱、空调等产品品牌发展强劲，同时诸如海创汇、海纳云等生态品牌和三翼鸟等场景品牌也百花争艳。

海尔园里百花齐放，海尔成了"种花"的高手，所以也就不再稀罕所谓的几朵金花了。

另外一方面，海尔需要修剪这些花草，这样未来百花才能更艳丽，这就是海尔未雨绸缪的前瞻眼界。在生态品牌阶段之前，海尔称这种眼界为危机意识，张瑞敏曾在多个场合对海尔的中高层管理干部提出：要战战兢兢，如履薄冰。

张瑞敏常引用黑格尔的经典名言"花朵否定了花蕾，而果实否定了花朵"来说明企业管理者应该"自以为非，以用户为是"。张瑞敏还告诫所有的海尔管理者：我们在花朵盛开的时候会自我欣赏，这么漂亮的一朵花多好，可你在欣赏的时候，一切都过去了。

为了更加精准地说明海尔不断自我否定、不断自我迭代的观点，张瑞敏还引用老子《道德经》中的观点——"万物负阴而抱阳，冲气以为和"来说明万事万物都有阴阳两面，不断斗争，不断地演进，最后达成新的结果。

海尔左手是建筑的铁锹，右手一定随时准备好了铁锤。如果它阻碍了我们盖更大的建筑物，建好了，随时再拆掉它。

海尔的第一把铁锤表面是砸冰箱，本质是改变观念。

二、第二把铁锤：砸掉了传统的科层制

海尔的第一把铁锤让海尔人具备了质量意识和品牌意识，海尔集团从1984年创业以来，尤其是在1985年砸掉了76台有质量问题的冰箱后，海尔克服种种计划经济下的困难，引进了德国利勃海尔先进的生产线和严谨的质量体系，在企业内部推行OEC管理法，做到人人都管事，事事有人管。

在那段时间，海尔人"日事日毕，日清日高"的高涨热情和效率，成就了海尔的品牌战略和多元化发展战略阶段，并为海尔顺利进军国际市场奠定了基础。

1984年至1991年的海尔名牌战略发展阶段和1991年至1998年的海尔多元化发展战略阶段，海尔在组织上采取的是"事业部"制度，在生产班组里推行自主管理班组，组织模式依然采用的是科层制。例如海尔提出的"80/20"管理原则，清楚界定了管理者和执行者之间的管理权重，如果发生管理问题，责任具体执行的员工占20%的权重，而直接管理者占80%的权重，相

应的责任价值也是按照这个比例进行兑现，即员工只承担 20% 的管理损失，而管理者要承担 80% 的管理损失。

海尔"事业部"制的组织方式使海尔找准了时代的节拍。2004 年 12 月 26 日，海尔创业 20 周年研讨会上，海尔集团时任总裁杨绵绵宣布：2004 年海尔集团全球营业额预计突破 1000 亿元人民币，超越 2003 年世界 500 强入围线。

按照正常的逻辑，这绝对是值得庆贺和自豪的事情，这证明了海尔阶段战略、管理模式、组织方式和企业文化的全面胜利。但这并没有使海尔集团时任首席执行官张瑞敏产生丝毫的兴奋，而是让他再次陷入深思。

20 年前，张瑞敏加入的青岛电冰箱总厂，当时衰草连天，管理混乱不堪，工人在车间里随地大小便。20 年弹指一挥，海尔实现了华丽转身。

2005 年 9 月 21 日，海尔集团时任董事局主席、首席执行官张瑞敏在海尔全球经理人年会上首次提出：海尔在全球市场中取胜的竞争模式就是人单合一，目的是让每一个员工找到自己的市场和用户，将管理聚焦在员工和用户两大要素的"端到端，零距离"。这是张瑞敏集中思考一年后举起的第二把大铁锤，砸掉企业内部的科层组织，提高企业组织结构的弹性，使企业、员工和用户之间"零距离"。

对于海尔这样有 8 万多名员工的企业来说，科层制带来的官僚主义不可避免，这种官僚主义俗称"大企业病"，如果不改变这种陈旧的组织形式，海尔就会越来越像大象，困于泥淖的结局随时可能发生。

第二把大铁锤砸下去后，海尔集团内部的组织变为了自主经营体，将传统的正三角组织架构（科层制的典型结构）转型为倒三角组织架构，将以前提供决策权的领导从组织架构的顶层转移到底层，倒逼领导层成为提供资源的平台。而最接近市场一线的员工拆分成一个个小团队，组成自主经营体，由自主经营体来直接面向市场，满足用户需求。

2012 年到 2013 年，海尔又升级了自主经营体的组织方式，改变为利益共同体。具体的做法是：将一线的自主经营体同后台的节点（如研发、物流、供应链等资源）并联形成利益共同体。这种并联的利益共同体可以快速有效地响应市场，满足用户提出的个性化需求，促进企业经营利润的增长。因此，海尔利益共同体也被称为"并联利益共同体"。

2014年，海尔集团全球营业额达到2007亿元，同比增长11%；利润总计150亿元，同比增长39%，利润增幅是收入增幅的3倍，达到历史最高点。其中，线上交易额达548亿元，同比增长2391%。

海尔的第二把铁锤表面是砸组织，本质是瘦身健体。

海尔并没有满足第二把大铁锤带来的市场效果，在2005年首次提出人单合一模式后的第十年，2015年9月19日，张瑞敏在"人单合一双赢模式探索十周年暨第二届海尔商业模式创新全球论坛"上发布"人单合一模式2.0"，从员工和用户双赢发展到攸关各方在海尔平台上共创共赢。

这是张瑞敏举起的第三把铁锤，来破除"海尔全员的满足感"，这把铁锤究竟还要砸掉什么？

三、第三把铁锤：裂变出众多生态品牌

在海尔全员推行人单合一管理变革的2012年至2019年期间，也是海尔集团的第五个发展战略阶段——网络化战略阶段集中实施时期。此时，"互联网+"时代来临，中国进入"大众创业，万众创新"的时代。

在海尔的多元化发展战略阶段，海尔集团时任董事局主席、首席执行官张瑞敏就曾提出企业管理者要具备"三只眼"的能力：左眼盯现场管理，右眼盯市场变化，而第三只眼睛要盯行业趋势。海尔管理的特色之一是能快速跟上甚至领先时代的发展节奏，与时俱进，顺势而为。

面对日趋个性化、碎片化的用户需求，海尔聚焦的目标是投资驱动平台和用户付薪平台两个平台的创建，海尔将由"制造产品的加速器"转变为"孵化创客的加速器"。

后来，海尔集团前董事局主席、首席执行官张瑞敏把这种转型简称为：从电器到网器的转型。电器是单个的，而网器是物联网环境中的节点的非线性网络结构，表现为"人人""人机"和"机机"的即时交互。这个转型对海尔来说是一种标签的转型：要从世界白电第一强转型为世界最早裂变出生态品牌并实现行业生态覆盖的生态型企业。

张瑞敏在 2020 年第四届人单合一国际论坛上把这种自驱动的转型称为继"砸组织"后的"砸标签"。

生态企业最明显的标志是：由原来的产品品牌或高端品牌裂变出生态品牌，或者自企业的生态驱动平台内部涌现出场景品牌和生态品牌，例如卡奥斯、盈康一生、海尔智家、海纳云、海创汇和三翼鸟等。

随着用户线上和线下不同场景的需求碎片化，用户的需求速度就是用户鼠标的点击速度，要跟上这种速度，就必须再次优化内部的组织形式，让内部的反应速度跟上用户网上的即时速度。从企业的市场终端来看，就是要有生态交互平台，例如海尔的体验云、海尔体验云众播等，这些生态交互平台就是生态品牌的特质之一。

生态品牌的构建倒逼内部组织模式的颠覆和再造。海尔认为，互联网时代，企业内部组织的三个发展趋势是：零距离、去中心化和分布式，这种趋势是互联网环境和产业发展的要求，它将颠覆产业的管理和组织现状。

要做到原来自主经营体、利益共同体的再次升级，就必须把内部的组织变为去中心化和网状分布式的结构。海尔把这种结构总结为"企业无边界，管理无领导，供应链无尺度"。要做到这个标准，就要砸掉企业的"边界"，并且将利益攸关方（例如供应商）引进来形成生态组合。

海尔把原来并联的利益共同体单独注册成小微公司，每个小微公司有"三权"，即独立自主的决策权、用人权和薪酬权。考虑到小微公司性质，海尔100% 持股的，根据会计准则并表，并根据小微发展方向及集团战略规划确定是否需要回流母公司；非海尔 100% 持股的，根据股东协议和每年董事会确定当年利润分配方案，权益法核算归母公司净利润。

这些小微公司独立核算，在海尔集团的母公司平台上，充分发挥"创新"与"创业"精神，可谓各显神通，百花齐放，一片丛林涌现，一方生态初建。

在物联网时代，用户对单一产品的需求转型升级为对智慧生活解决方案的需求。因此，在以小微为基本单元的分布式组织基础上，海尔涌现出了新的组织形态——链群。它的出现是为了满足用户的即时和个性化需求，在基于用户交互的基础上用户会产生更多的需求。

海尔的第三把铁锤表面是砸标签，本质是重塑自我。

海尔的第三把铁锤至少砸了三次，砸掉科层制，砸掉自主经营体，再砸掉并联的利益共同体，最后出现了小微和链群。链群的出现实现了"三个颠覆"：互联网带来的"零距离"将以企业为中心转变为以用户为中心，使大规模制造变成大规模定制，这是对科学管理原理的颠覆；互联网带来的"去中心化"把员工的领导从过去的上级变成用户，这是对科层制的颠覆；互联网带来的"分布式"意味着资源不局限于企业内部而是来自全球，"世界就是我的研发部"是对企业内部职能再平衡的颠覆。

2020年3月27日，海尔集团时任董事局主席、首席执行官张瑞敏在原有"红海战略"和"蓝海战略"的基础上，提出了"黑海战略"。"黑海战略"就是要做到内部的组织进化和管理模式无法被模仿，即做成节点网络生态组织；而在市场端，海尔以场景品牌和生态品牌的方式与用户交互，实现生态覆盖行业的高度发展，并在创造用户价值的过程中反哺生态体系，裂变出更多的生态品牌。

未来企业竞争的不是产品而是生态，谁先做起生态体系谁就会赢得一切。

从有质量的产品到名牌产品，从科层制到小微链群，从产品品牌到生态品牌，三次嬗变，一片黑海，生态出现，三把铁锤使然。只不过，海尔的第一把大铁锤人们看得见，而第二、第三把大铁锤，人们看不见。

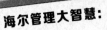

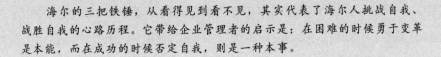

海尔管理大智慧： 成功的时候否定自己

　　海尔的三把铁锤，从看得见到看不见，其实代表了海尔人挑战自我、战胜自我的心路历程。它带给企业管理者的启示是：在困难的时候勇于变革是本能，而在成功的时候否定自我，则是一种本事。

第二节 海尔的换频战略：黑海战略

黑海战略是基于红海战略和蓝海战略而言的。

红海战略和蓝海战略是对应的概念，前者是指在熟知的领域中竞争，后者是以技术和价值创新为驱动，开拓一片未知领域的新市场。

两个战略的名字非常形象，红海战略以产品竞争为主要的经营主线，在大家都熟知的领域里，比价格，比成本，最终刀光剑影，血染大海。红海战略体验的是产品经济，企业提供的产品是单个物理设备，它没有融入方案、场景和生态的体系中去。

蓝海战略重视差异化竞争，独辟蹊径，在陌生领域中开拓新市场，让企业维持先锋效应，企业具备了相对优势，可以暂时独享一份市场蛋糕。因为这个领域的利润相当可观，而且市场的潜力巨大，犹如一片蔚蓝的公域海洋。蓝海战略体现的是服务经济，产品通过创新，有了个性化功能，并且嵌入解决方案中，或者是局部场景中。

红海战略是企业管理者都应该摒弃的，而蓝海战略的问题在于它通过价值创新所带来的相对优势很容易被模仿，蓝海很快就会变成一片红海。

蓝海到红海的退化本质是它们同在一个频道上竞争。按照海尔集团的观点，蓝海与红海一样，都是在产品品牌层面的竞争，只不过蓝海在产品创新和用户价值方面有了创新，而维持的利润空间很快就会被友商的模仿、再创新而超越。

2020 年 3 月 27 日，海尔集团时任董事局主席、首席执行官张瑞敏在原有红海战略和蓝海战略的基础上，提出了黑海战略并赋予了它时代内涵。

黑海战略就是要做到无法被模仿，即做成生态的体系。简而言之，红海和蓝海还是一片海，而黑海则是生态，它包括了海洋、河流、小溪以及海洋旁边的一片热带雨林。既然是生态，海洋和雨林上空的那些云和雨也属于黑海生态的范畴。黑海战略是多维度的，红海和蓝海是单维度的。

黑海战略体现的是"体验经济"，在这个战略的驱动下，企业的物理化的单个产品融入网络节点和场景中，甚至是生态中，能够敏捷地满足所有用户的个性化生态需求。例如，智慧阳台，可以晾晒、纳宠、养花等。

三个战略所支撑的经济体系和企业对应的服务内容如表1-1所示：

表1-1 三个战略支撑的经济体系和企业提供的服务对比表

战略组织	战略选择		
	红海战略	蓝海战略	黑海战略
经济体系	产品经济	服务经济	体验经济
企业服务	产品	服务	生态价值

"黑海生态"是物联网时代的海尔战略目标，强调的是"难以模仿的、不可复制的生态"。根据人单合一计分卡的设计逻辑，我设计出了红海战略、蓝海战略和黑海战略的象限选择对比示意图（见图1-1）。

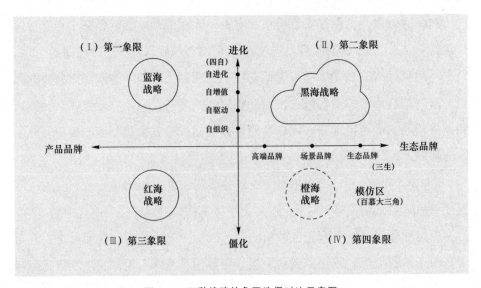

图1-1 四种战略的象限选择对比示意图

图1-1被两个维度分为四个象限，横向维度是品牌的形态，一个是生态品牌方向，一个是传统的产品品牌方向，纵向维度是内部组织的组建方式，一个是自进化方向，一个是僵化的方向。

张瑞敏先生多次在公开会议上表示，企业内部的组织和管理，要么自进化，要么自僵化，海尔选择的是前者。在自进化方向，海尔体现了其自身组织的"四自"原则——自组织、自驱动、自增值和自进化。

产品品牌是传统时代的品牌体系，生态品牌是互联网时代的品牌形态形式。海尔集团包含三个生态品牌，分别为高端品牌、场景品牌和生态品牌。三种品牌分别实现了生态圈、生态收入和生态品牌的增值。海尔集团是生态品牌方向的代表。第二象限是立体的，它可以涌现出新物种，让整个象限变为生态体系，可以简单理解为"海陆空"全空间的囊括，它比其他三个象限的维度要多。由于平面图的表达方式所限，无法体现出黑海战略的立体形式，图1-1用一个不规则的云团表示出它的生态特质。

第二象限所示的黑海战略在四自原则驱动下的组织自动变化，以迎合市场的快速变化，使品牌逐渐升级到生态品牌，企业逐渐搭建起了黑海生态，它是物联网时代海尔采取的运营模式。

第三象限是红海战略，传统时代的陈旧赛道，比拼的是价格、产品等，最后片甲不留，血染大海。

第一象限是蓝海战略，尽管主动谋变，另开疆土，试图杀出一条血路来，但由于还是在传统的战场上比拼，最后仍然是被红海吞噬，它代表着消费互联网时代新的竞争模式，就类似直播带货中的"全网最低价"的比拼。

根据我的理解，结合在企业管理咨询中的实践，我把第四象限归纳为"橙海战略"。海尔集团官方没有第四象限的划分，但在现实中，橙海战略是存在的，由于组织模式没有做到生态分布式，其最后的经营结果往往不容乐观。

按照我的理解和总结，第四象限是橙海战略，意思是企业外部建立了生态系统，品牌也是生态品牌，企业的外部围墙也被拆除，经营思想也是共享经济思维，但内部的企业组织没有与时俱进，企业最终无法持续实现生态收入和生态资源的增值，最后倒掉。这样的企业一般为天生互联网的企业，共享单车就是橙海战略的典型案例。从这个角度来看，这个象限是第二象限的"模仿区域"，表面看来它实施的是黑海战略，但还是传统组织和运营方式。黑海战略之所以难以模仿，就在于有第四象限的存在，如果企业只是表面的生态化，企业内部的组织没有形成网状的分布式结构，甚至还在过度强调中心化，那么，这个象限就是物联网时代的"百慕大三角"。图1-1能够在这个象限分析出互联网企业"昙花一现"的迷局。

组织变化和品牌形态方式两个维度生动地反映出海尔的黑海战略选择。为了便于企业管理实践者和学习者理解，表1-2总结归纳出了黑海战略、蓝海战略、橙海战略和红海战略的战略目的、竞争方式和组织形式等内容。

表 1-2　四种战略内涵对比表

战略组织	战略选择			
	红海战略	蓝海战略	橙海战略	黑海战略
战略目的	价格取胜	开拓新领域	暂时生态	黑海生态
竞争方式	价格战	创新竞争	暂时难以模仿	无法模仿
组织演进	传统科层制	组织有创新	传统组织	四自组织
组织形式	指挥控制	控制协调	指挥控制	分布式 去中心
品牌形态	产品品牌	产品品牌	创新品牌	高端品牌 场景品牌 生态品牌
价值目标	利润目标	利润目标	共享价值	共生价值
管理模式	物本管理	人本管理	人本管理	人单合一

需要特别说明的是，支撑海尔黑海战略和黑海生态的是人单合一管理模式。

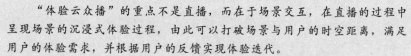

海尔管理大智慧："体验云众播"的黑海战略

　　"体验云众播"的重点不是直播，而在于场景交互，在直播的过程中呈现场景的沉浸式体验过程，由此可以打破场景与用户的时空距离，满足用户的体验需求，并根据用户的反馈实现体验迭代。

　　"体验云众播"体现的就是黑海战略的本质：黑海生态覆盖用户体验，全流程沉浸式体验交互。这种模式的目的不是生意，而是生态；不是价格，而是价值；更不是蓝海战略或者红海战略的"全网最低价"。

第三节　海尔的时代探索：人本共治

2020 年 3 月，世界著名战略管理大师加里·哈默和米歇尔·贾尼尼在全球开展的"管理革命"计划进入了紧张的实施阶段。在此之前，他们与全球 75 名意见领袖和思想家交流和互动，在交流中他们把海尔人单合一模式讲给这些意见领袖们听，包括马士基和西门子董事长吉姆·海格曼·斯纳比，长期证券交易所首席执行官、《精益创业》作者埃里克·莱斯，以及来自斯坦福大学、哈佛商学院、塔克商学院等商学院的教授等，这些意见领袖们认为：传统管理面临着巨大的挑战，新型的管理实践势在必行，而人单合一是管理模式创新的典型代表。

米歇尔·贾尼尼在访问 GEA①首席执行官凯文·诺兰后认为："大型企业需要让组织更加人性化，更具创业精神，更需要遵循人单合一理念……海尔人单合一的成功就是把人的价值放到第一位。"

海尔集团从 2005 年 9 月开始实施的人单合一管理模式其实是人本共治模式的有效探索。

1999 年，凯文·阿仕顿提出物联网的概念，经过 20 多年的发展，物联网成为第四代技术，也是第四次工业革命的引领技术。2019 年，凯文·阿什顿来到海尔，眼前的景象让他很兴奋，他对海尔集团时任董事局主席、首席执行官张瑞敏说："这就是我 20 年前想象的未来物联网。"

物联网时代，信息极度对称，技术高速迭代，知识型员工成为企业的主流员工，物本管理时代那些简单重复的操作工人已经被机器人替代。员工的知识背景和教育程度发生极大的变化，这对企业管理者的素质提出了新的要求。

物联网时代具有公共性、去中心化、无国界、移动性、虚实融合、万

---

① GEA 是美国 GE 公司（美国通用公司）的白电品牌公司，2016 年海尔集团以 54 亿美元收购该公司。

物互联等特征，这些特征使传统的物本管理和人本管理受到了前所未有的挑战。世界范围内，企业管理界也在积极探索适合物联网时代的管理模式，欧洲学者也联合起来，把世界范围内物联网时代的管理模式都集中起来，共收集了30多种，其中海尔的人单合一模式是一致认可度最合适的模式。

加里·哈默在《人本共治：创建共赢组织》这本书里对海尔人单合一模式向科层制发起挑战的勇气和做法给予了高度评价。加里·哈默认为：人单合一就是人本共治的典型代表。

张瑞敏曾坦言：工业时代，中国企业都是在学习西方的管理模式。但进入物联网时代，全世界都在探索新的管理模式，海尔提出并推行的人单合一模式是引领的、超前的，这不是"弯道超车"，而是"开道超车"，我们没有沿袭西方的管理经典，而是去努力探索一条适合物联网时代的管理新路。

海尔换频道的创新就是海尔在物联网时代的探索——人本共治，在海尔叫作人单合一。

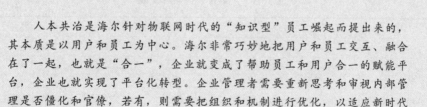

海尔管理大智慧：海尔的人本共治

　　人本共治是海尔针对物联网时代的"知识型"员工崛起而提出来的，其本质是以用户和员工为中心。海尔非常巧妙地把用户和员工交互、融合在了一起，也就是"合一"，企业就变成了帮助员工和用户合一的赋能平台，企业也就实现了平台化转型。企业管理者需要重新思考和审视内部管理是否僵化和官僚，若有，则需要把组织和机制进行优化，以适应新时代的发展要求。

第四节　海尔的时代答卷：人单合一

"人单合一"的内涵是："人"指员工。进一步延伸，首先，"人"是开放的，不局限于企业内部，任何人都可以凭借有竞争力的预案竞争上岗；其次，员工不再是被动执行者，而是拥有"三权"（现场决策权、用人权和分配权）的创业者和动态合伙人。"单"指用户，进一步延伸为用户价值。首先，"单"是抢来的，而不是上级分配的；其次，"单"是引领的，并动态优化的，而不是狭义的订单，更不是封闭固化的。"合一"指员工的价值实现与所创造的用户价值合一。每个员工都应直接面对用户，创造用户价值，并在为用户创造价值的过程中实现自己的价值。

人单合一中的"人"是人本共治里面的"人"，不是物本管理时代的组织人、经济人，也不是人本管理时代的社会人，而是一个"合约人"（这里的"合约"就是后面要阐述的"链群合约"）。这里的人和科层制时代的"人"最大的区别是：科层制中的"人"是工具，为组织创造绩效；而人单合一中的"人"是目的，实现人的创造价值，组织才是工具。

表1-3更清楚地说明了人单合一的内涵，更详细地解释了其本质和组织形式。

表1-3　人单合一内涵释义表

内涵	人	单
主要释义	内部员工，外部员工	用户，用户价值
具体主体	员工，外部创客、资本方、企业利益攸关方、动态合伙人	用户价值、生态价值
人单合一方式	交互、体验	用户价值提升、边际收益递增
标准	第一竞争力的人（有竞争力的预案）	交互用户、交易用户、终身用户
生态环境	链群、小微	黑海生态
在组织中的表现	创客、小微主（平台主）、链群主（行业主）	生态圈、生态成果
误区	不是科层制中的"人"	不是一次交易顾客

人单合一中的"人"有了三权：现场决策权、用人权和分配权，不再是科层制中处处请示汇报的"人"，而"单"所指的用户也不再是一次交易的顾客，而是持续交互的用户，最终他们会成为终身用户。

科层制以组织的权威限制了人的能动性，并且在很大程度上限制了员工创造的市场价值和个人收益的直接挂钩。科层制向来倡导"股东第一"，而直接创造价值的员工的积极性受到了压制。

海尔人单合一就是让每一个创客自由充分地发挥自己的能力，在实现用户增值的过程中实现个人价值的最大化，人单合一也在哲学和实践层面解决了马克斯·韦伯的"百年难题"。

人单合一是海尔集团在物联网时代探索管理创新模式交出的时代答卷。

海尔管理大智慧： 上智与下愚不移

　　海尔对"上智与下愚不移"的理解带给管理者的启示是：不要领导和控制员工，而要激发他们的创造力和自驱力，让员工自己管理自己，成为自己命运的掌控者。

第五节　海尔的四种创业

海尔集团在 2005 年提出了海尔"两创精神"，即每个创客都应该有创业的冲动和创新的激情，这也是海尔集团的创业观。

一般的学者把海尔的小微创业总结归纳为三种：转型小微创业、孵化小微创业和生态小微创业。根据我多年在海尔的实践以及对海尔的持续跟踪研究，我把海尔的创业分为四种，除了常提的前三种，第四种是外部小微创业。这种理解与其他学者的观点并不矛盾，按照海尔黑海战略和人单合一的运营逻辑，由于海尔链群和小微是开放的，外部的小微公司也可以抢入海尔链群，按照这个实践，外部小微的创业在海尔链群中的交互过程也是创业的过程。而人单合一模式下的创业最明显的特质是开放性创业，非企业的创客也可以抢入内部链群，进行自主创业。

中国海洋大学管理学院副院长姜忠辉教授和中国海洋大学管理学院博士生导师李志刚教授多年来致力于研究企业内部创业理论，并提出了裂变创业的概念。这种创业模式是一种成功概率比较高的企业内部创业方式，显然，海尔在实践中证明和丰富了这个理论。

姜忠辉教授和李志刚教授提出的裂变创业就是转型小微和孵化小微创业模式，我把它们分别称为内生创业和派生创业，裂变创业是指利用企业母体的优势，包括团队、经验、技术等禀赋资源内部赋能而进行的企业内部创业。

为了使企业管理者和学习者更好地理解海尔人单合一模式下的四种创业方式，把海尔的四种创业模式：转型小微创业、孵化小微创业、生态小微创业和外部小微创业分别称为内生创业、派生创业、再生创业和原生创业（见图1-2）。

这四种创业模式可以用两个维度来区分，一个维度是创业发生在企业内部还是外部，另外一个维度是它由海尔平台驱动还是由社会资源驱动。

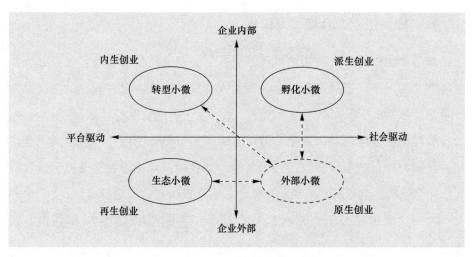

图 1-2 海尔生态链群中的四种创业模式

为了更好地说明四种创业模式的内涵和本质，表1-4归纳了四种创业的特质。

表 1-4 海尔人单合一模式下的四种创业模式

模式	特质			
	组织方式	海尔关系	发展趋势	代表小微
转型创业 （内生创业）	转型小微，注册独立公司或者不注册	全控股或绝对控股	生态品牌	生物医疗、血液网、疫苗网、先行者空调小微
孵化创业 （派生创业）	孵化小微，注册独立公司	参股但不控股	独立，四自原则	雷神游戏笔记本、小帅影院
生态创业 （再生创业）	生态小微，注册独立公司	不参股，赋能关系	自主	滇云蜜语生物科技、建陶品牌"青竺"
外部创业 （原生创业）	外部小微，独立的公司或者独立公司的项目团队	不参股，合作关系	自主	海澜之家、博洛尼橱柜

一、转型创业：凡墙都是门

海尔集团的创牌大楼威严耸立，远远望去，从四个方向看，它很像一个繁体的"门"字。它是在告诫全体海尔人：只有创业，没有守业。创业看似一堵墙，但如果不断探索，持续创新，知行合一，创业就是一扇门。

转型创业是指由原来海尔业务平台转型为小微公司或者平台公司，这些创业公司有的是注册了独立法人的公司，还有的是未注册独立公司的运营单元，但它们都独立核算，按照用户付薪和对赌机制分享市场成果。

对于这类创业公司，海尔完全持股或者持股比例比较大，例如生物医疗、血液网、疫苗网、先行者空调小微等。

海尔医疗冷柜的负责人刘占杰博士，在海尔人单合一创客的浪潮里发挥了先锋作用，海尔医疗聚焦医疗领域，生产出中国第一台超低温冰箱，打破了国外技术垄断，打造了中国首个智慧城市血液网生态。超低温冰箱跟随我国多项重大科研工程"上天入地出洋"。但优秀是创业中的一堵墙，本来业绩非常好的医疗冷柜独立出来成立公司，这对刘占杰和他的团队来说是一个不小的挑战。

刘占杰博士后来表示，海尔集团要求转型创业，他自己也很兴奋，但毕竟没有创过业，海尔的平台他已经非常熟悉，如果脱离海尔原有的体系再进一步试水深水区，这个压力可想而知。那段时间，他凌晨起来，看到青岛凌晨三点半的夜空，满天繁星，他突然想起一句名言：暗透了才能看到天空。这不就是"凡墙都是门"的寓意吗？

后来，医疗冷柜组建海尔生物转型小微，再后来，又成立血液网、疫苗网链群，并成功引进了外部资本，开启了物联网转型之路。原来海尔医疗团队聚焦的是冷柜等硬件，而接下来要面对的是大数据、云端计算等物联技术和制冷技术的融合。刘占杰带领团队开创性地推出以物联网血液安全管理为代表的综合解决方案，支持中国临床用血技术规范升级，引领生物医疗产业新变革。

血液网链群创造了人、机、血互联互通的体验迭代生态，颠覆了传统单向的集中式实物流转的供血模式，创新双向交互的分布式临床用血模式，使急救零等待、血液零浪费、信息零距离。借助无线射频、智慧芯片等技术，使每一袋血液都有自己的"标签"，可实现血液信息全流程的监测和可追溯。

疫苗网链群细分疫苗场景的各种需求，提出物联网的综合解决方案，简称海乐苗，是海尔生物医疗推出的首个人、机、苗互联互通的体验迭代平台。不仅颠覆了只具备单向存储功能的传统疫苗冰箱，创造性地重组诞生海乐苗智慧接种箱等物联网属性的网器，链接疫苗入口、疫苗出口等场景，而且实现精准取苗零差错、问题疫苗秒冻结、追溯接种全过程，打通疫苗安全接种最后一公里，保证疫苗安全全程可追溯。

2019年10月25日，血液网、疫苗网链群以"海尔生物医疗"挂牌，在科创板上市，成为物联网生物安全第一股。

转型创业公司是海尔第一批成立的创业小微，他们要单独成立公司，自负盈亏，这本身就是一堵最大的墙。但勇气总能带来运气，创业路上的门往往都被掩饰为无路可通的墙。

二、孵化创业：独木可成林

海尔园里有了创业的精神和基因，有了人单合一的创客机制，海尔就不只有一个CEO，而是人人都是CEO，这样就达到了"独木成林，大方无隅"的境界。

张瑞敏是让所有的海尔人都能顿悟人单合一，要让自己成为自己的领导，不必监督，不必监管，每个人都是自己的老板。

孵化创业就可以做到"独木成林"。

孵化创业是海尔内部的员工脱离海尔（也可以暂时不脱离，但后期成熟后要脱离）或者外部的创业者利用海尔的平台进行创业，这些创业项目和海尔业务高度关联。创业者必须独立成立公司，海尔跟投持股，但持股的比例较低，例如雷神游戏笔记本、小帅影院等都是孵化创业的成功代表。

海尔集团彩电自主经营体曾经接到一位孕妇提出来的难题：海尔彩电能否躺着看——这种躺着看不是躺在沙发上侧脸看，而是躺在床上朝天花板上看。

这个难题一提出，几乎所有的海尔彩电研发人员都觉得是笑谈，彩电怎么能够躺着看呢？但当时彩电销售部的客户经理马文俊却为此陷入深思。

马文俊在人单合一推行以来，一直在寻找创业的机会。他认为用户的难题就是市场的机遇。他通过市场调研发现，有这样想法的人还不在少数，那些新新人类、"生活懒人"，以及工作后想看电视放松的人都有这种想法，一些病人、残疾人也有类似的需求，孕妇只是有这种需求的一类人而已。

想到就去干。马文俊利用海尔创客平台，带领一部分人组建创客团队，整合平台中的研发资源，把要解决的难题放到网上进行技术招标；另外他还组织社会融资。他们原计划是48小时融资1500万元，没想到在不到90秒的时间里就筹集到了1500万元，海尔集团又跟投了500万元，这样他们拿到了2000万元的初创资金。

由于海尔的技术整合平台是开放的，他们很快就解决了技术上的难题，一种智能投影仪技术可以使图像投到天花板上去，而且音质和图像的性能和电影院的效果一样。经过反复调整和优化，这款命名为"小帅影院"的产品受到了市场的青睐，销售额很快就突破了2亿元。

孵化创业是借助海尔内部的资源，在母体优势的基础上创业，这种创业很容易形成规模效应和示范效应，这就很像一棵榕树的生长过程，一条根扎下后长成一方绿荫，层层叠叠、密密匝匝，一木引来草木葳蕤的繁荣生态。

三、生态创业：滋兰树蕙，桃李芬芳

生态创业是外部的创业者（脱离海尔的内部创业者也算外部创业者）利用海尔的创业孵化平台，例如海创汇、卡奥斯等进行独立创业，这些创业公司都是拥有独立法人的公司，海尔不持股，但会利用自己的金融平台帮助这些生态创业者整合第三方资本资源。例如云南滇云蜜语生物科技有限责任公司、卡奥斯子平台海享淘孵化出的自主高端定制建陶品牌"青竺"。

云南滇云蜜语生物科技有限责任公司是一家注册资本只有 100 万元的小微公司，企业经营主业是生产和销售蜂蜜。2019 年 6 月，滇云蜜语也成了海尔生态体系中的生态创业小微公司。

海尔集团依靠工业互联网卡奥斯平台，把"大规模定制"模式成功复制到农业领域，将传统供需分离转化为精准匹配的订单农业。

滇云蜜语的蜂蜜产业化程度低，产、供、销环节薄弱，食品安全和质量难以控制。蜂农分散在不同的区域，由于花期略有差距，产蜜的集中时间难以预测。加上蜂农的养蜂数据难以采集，彼此之间的信息不对称，蜂蜜的品质很难实现标准化和一致性。

从蜂农的角度来看，每年的蜂蜜产量难以精准预测，市场需求信息不清晰，这就可能造成丰产不丰收。更为重要的是，蜂农目前还是靠天吃饭，一旦遇上自然灾害，就可能血本无归。养蜂的积极性低，也是制约蜂蜜产量的重要因素之一。

从用户的角度来看，云南偏僻地方的蜂蜜好，但是品牌不集中，识别度低，用户对这里生产的蜂蜜的差异化不了解，更没有体验的机会。

针对供需两端难题，海尔工业赋能平台卡奥斯发挥了作用，它利用旗下子平台海优禾在农业积累的数据和技术优势，结合物联网的技术和运算优势，可以把供需两端的数据对接，做到供需预测、信息对接、环境监测、自然灾害预测等。如果把养蜂的一些历史记录和经验数据加入大数据池中，就可以精准地管控整个产业链的运作，例如：蜜蜂不出箱的原因一定是三种原因：气温低，气温高，或是蜂王死亡。这样就实现了对产、供、销全产业链的数据管控，可以指导蜂农科学养蜂，实现增产增收。

在品牌赋能方面，海尔海优禾平台积极打造诚信云南勐腊县（滇云蜜语所在县）蜂蜜产业新生态，设计并树立"生产中国好蜂蜜"生态品牌的新品牌诉求，利用海尔的体验链群优势积极线上推广滇云蜜语的品牌形象。

2019 年滇云蜜语吸纳当地蜂农 7566 人，人均增收 4716 元。

生态创业的特色之一是利用了海尔的创业孵化平台或者是海尔生态体系中的赋能平台。孵化平台有海创汇等，赋能平台有卡奥斯、日日顺、海纳云等，各行业平台（例如衣联网、车联网、水联网）也有赋能的资源和优势，这样，海尔的创业既有星辰大海的波澜壮阔，也有绿水山川的俊美秀丽，可谓"滋兰树蕙，桃李芬芳"。

四、外部创业：万事客为尊

外部创业是和海尔没有直接关系但开放了创业链群的创业公司，这些公司可以按照用户付薪的经营模式，抢入海尔链群，成为海尔的利益攸关方，享受和海尔小微公司同样的增值。例如海尔的生态合作伙伴海澜之家、博洛尼橱柜等。

海尔衣联网作为全球首个衣联网生态品牌，致力于让更多人体验到覆盖衣物洗、护、存、搭、购、收的一站式服务。其融合了服装、家纺、家电、物联网技术等八大行业，打破了行业的边界，打造了集干洗店、服装店、洗护管家功能于一身的衣物全周期管理的智慧零售与服务，实现了海尔衣联网洗、护、存、搭、购等全场景的可见、可买、可体验、可交互。

海尔的黑海体系打破了原来企业的围墙，积极吸引生态伙伴加盟，衣联网链群的生态伙伴有：图片设计小微——睿时尚衣图；洗涤液生态伙伴有：意大利Uniters、德国Persil和超能等。洗衣机通过RFID码识别衣物信息、智能添加洗涤剂，3D试衣镜展示的合作服装品牌新款衣物等，通过多方生态伙伴的合作实现生态功能。

海尔衣联网链群"是衣联网思维的现实形态"，海尔不做衣服，也不生产洗涤剂，但它把衣物洗护、养护、购买、存搭等服务资源整合起来，构建起一个相互合作的朋友圈，加入人工智能、大数据、区块链等技术，打造出了产业、技术、资源、行业相互依存的良好生态，这就是生态品牌的魅力。据资料显示，海尔衣联网已经有了6500万生态用户，2019年第三季度生态收入达到了16.2亿元，同比增长46%，实现了生态创业者的市场收益。

人单合一创业模式的一个重要特质是，内部的员工是开放的，同样创业者的来源也是开放的。张瑞敏用"供应链无尺度"的姿态来拥抱所有的社会资源，包括生态合作伙伴。

美国 Sin Microsystems 公司的联合创始人乔伊在 1990 年提出"乔伊法则"。他认为，最聪明的人永远在企业外部，公司再大也不可能覆盖全世界最聪明的人。所以，海尔的资本、人才、供应商和资源伙伴都可以从世界范围内整合，但汇集到海尔这片黑海生态中来的资源方必须围绕用最高效率为用户创造价值这一标准，因此外部创业者要融入海尔链群，务必谨记秘诀：万事客为尊。

海尔管理大智慧：股东价值和员工价值统一

海尔人单合一背景下的创业，实现了股东价值和员工价值的统一，员工自己就是自己的股东。海尔的创业模式无疑给企业管理者新的启示：企业的员工是花自己的钱干自己的事，还是花公司的钱干公司的事？

第六节　海尔新丛林法则：涌现新物种

2020 年，受新冠肺炎疫情影响，海尔关闭了工业园参观研学通道近一年的时间。

2021 年上半年，我在北京大学、清华大学和全国各地高校总裁班组织的创业班上授课时了解到，国内的创业者对海尔人单合一的模式非常感兴趣，很多企业家还自发去海尔集团现场参观。这让很多企业管理者叹息：一年不去海尔，就觉得管理思想赶不上新潮流了。去过海尔参观的人都有共同的感觉：海尔总是能给人管理创新上的惊喜，你隔半年来一次，参观的内容和路线都是不一样的。

海尔管理的丛林法则就是：变者生存。当然，现在海尔的新丛林法则的含义更加丰富。

海尔实施人单合一管理模式下的黑海战略，是要打造生态的黑海体系，形成热带雨林，而不是一座有围墙的花园。

企业管理也应该遵循丛林法则，这就是海尔实施黑海战略、创新人单合一管理模式的初衷。

我们熟知的丛林法则是物竞天择，强者生存，弱者淘汰。华住集团创始人季绮对丛林法则的解读是："除了物竞天择，强者生存之外，至少还有一条：同类竞争，异类共生。"所以，在商场上要和异业联盟，形成新生态。

我认为，季绮对丛林法则的解读还可以继续延展，可以加上"树大招风，草微守拙"，企业要生存，就必须有自己的生存之道，大树有大树伟岸的活法，而小草有小草守拙的策略。

海尔人单合一的新丛林法则之一是把企业做小，员工做大，用户做大，就是小草守拙的做法：链群小微组织对市场做出快速反应，敏捷前台能够快速和用户交互，并在中后台产生大数据，小微群协同共享，联合共生。

海尔人单合一的新丛林法则之二是拆掉供应链的围墙，让异业的生态伙伴进来，大家一起为生态优化努力。具体的表现就是员工对外开放，外部创业小微可以抢入海尔生态的链群。

海尔人单合一的新丛林法则之三是黑海生态体系的新物种涌现，例如青竺、海尔细胞国际库、盈康生殖、疫苗网等新物种。

海尔的新丛林法则恰恰是生态品牌满足的三大标准：开放多元，动态优化；协同共享，联合共创；增值分享，共赢共生。

世界银行前知识管理总监、管理学家史蒂夫·丹宁认为：20世纪，公司是机器，以福特为代表；21世纪，公司是花园，以硅谷创业企业为代表，而未来，公司是热带雨林，海尔正在探索。世界商业生态理论之父詹姆斯·穆尔认为，海尔探索的生态热带雨林就是管理模式创新的方向，对人类来说是至关重要的一条道路。

第七节　海尔的场景观：场景替代产品

结合管理实践，我认为新营销应该具备 5 个要素，分别是：IP、场景、社群、传播和体验。场景是用户消费行为的细分，是与用户交互的主要场所。场景不同，用户的需求不同，场景决定了产品和服务的再生方向。

以海尔智慧家庭中的智慧卧室和智慧厨房为例，未来用户所需要的场景是这样的：在智慧卧室场景下，躺到床上，窗帘随即缓缓关闭，智能枕头可以记录用户的睡眠曲线。根据睡眠曲线的大数据，在数据驱动下，联动空调、空气净化器、新风机等，主动创造一个舒适、健康的睡眠环境。

在智慧厨房里，通过冰箱大屏幕管理食材，食材放入冰箱时自动录入，当食材快过期时会及时提醒，避免浪费。与简单的"连接硬件"不同的是，海尔智慧家庭更加注重用户的"情感需求"，打造"场景生态"，强调"连接生活"。

海尔衣联网 1 号店中衣服的洗涤和保养场景，以及购、搭、洗、晾、存场景为例来说明场景对产品的替代：衣物洗护和保养场景需要有洗衣机、干洗机、整熨机等设备。首先根据品牌、材质进行区分处理，进行专业的衣物洗护。针对用户多样化的洗衣需求，衣联网推出了多种差异化的洗护服务，比如"可视洗"——消费者送来的衣物，在洗护之前首先添加一个 RFID 数字标签，衣联网工作人员根据数字标签远程直播洗衣过程，实现了洗涤进度的可视化、洗护记录可追溯、洗护方案可信任；"VIP 专属洗"——使用高端机型，一客一桶一消毒，专业人员熨烫和取送上门，解放用户时间和双手；"包月洗"——价格更实惠，水洗衬衫含熨烫，单件不超过 5 元。

衣物购买、搭配、洗涤、晾晒、存储场景：需要的设备有洗衣机、3D 试衣镜、智能晾衣架、智慧衣柜等智慧设备。购衣时，1 号店已经与许多服装品牌达成合作，能根据消费者的体形尺寸，定制衬衣、西装、礼服、皮鞋；智慧衣帽间里的 3D 试衣镜能够为消费者推荐衣物和搭配，根据身材体型模拟上身效果；需要洗衣时，只要把衣服放进洗衣机就能自动识别品牌、面料，匹配洗涤模式；衣服洗好后，一旁的智能晾衣架就会自动落下；智能衣柜可以记住每件衣服所在的位置，方便查找。

以上只是生活中的几个场景，海尔智家把这些场景继续丰富，并提出了系统的全屋智慧场景解决方案——"5+7+N"场景体系。

"5"是在家庭里面的场景空间，包括智慧厨房、智慧浴室、智慧客厅、智慧房间、智慧阳台等五个场景空间。"7"是全屋洗护、全屋安防、全屋美食、全屋娱乐等七大全屋解决方案。N是指上面的"5"和"7"是可以扩展的，例如："5"之外还有书房、地下室和私家花园等场景，另外"N"还代表着个性化定制场景解决方案。

为了更好地和用户交互，快速有效地满足物联网时代的碎片化及时性需求，海尔集团推出场景品牌——三翼鸟。由原来的卖产品转型卖场景，原来海尔卖一个产品几千块钱，现在根据用户的需求卖场景，据统计三翼鸟体验店的平均场景的客单价在 2021 年 5 月已经达到了 21 万元。

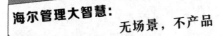

海尔管理大智慧： 无场景，不产品

　　用户需要的不是产品，而是此时此刻的场景，以及场景中幸福美好的生活体验。因此，应该根据场景来定制和设计产品，并把产品融入到服务中去。通过个性化场景倒逼出来的产品就是产品矩阵，即集成解决方案。可能一家企业满足不了，需要把生态伙伴纳入体系中来，这是企业转型升级非常好的切入点。

第八节　海尔的生态观：生态覆盖行业

随着物联时代的到来，消费开始升级，国家也在积极引导消费，并提出要全面促进消费，提升传统消费，培育公共消费，适当增加新型消费。

消费升级倒逼企业内部的组织结构和反应速度，海尔人单合一管理模式变为分布式、网状节点式、无中心、去中介的生态组织，非常适合应对不同场景用户需求的快捷式前台和大数据驱动的大中后台的形成。

海尔人单合一模式下，链群内的体验链群可基于场景获得每位用户的确定性需求，产品为需求而生，无须浪费持续与用户调研和测试的时间便可吸引用户下单，创单链群的生态组织快速响应，由于创单链群的信息和体验链群对称共享，降低了组织生产的不确定性，提高了组织效率，降低了交付成本。用户在场景下的需求是多元的，为海尔面向全社会孵化创客，转型与用户、生态资源方共同进化的生态平台提供了黑海一样的无限成长空间。

通过生态连接形成的网络效应，海尔在需求侧累积规模效应成为可能。海尔"开放和无尺度的供应链"辅以5G、大数据、区块链等技术加持和赋能，指导更高效生产或寻找性价比更高的生态供应商合作伙伴，场景化和生态化的线上和线下体验让忠实用户成为终身用户，最终实现边际价值递增式释放，成为共创共赢生态圈的引领者。

海尔把生态品牌定义为有三个特征：无缝体验，无界生态，无感支付。

以海尔智家为例，通过内部的组织和管理的变革，把海尔智家打造成用户入口（家庭入口），满足用户家庭独特的场景。家庭所有的家电设备，或解决方案也都是来自海尔，但这些硬件产品不可能满足所有个性化家庭场景的需要，例如地下室或车库里的充电桩就需要生态合作伙伴的加盟，生态伙伴的充电桩的入口之一变成了海尔智家。

海尔的生态合作伙伴是多元的，有产品和设备类的外部企业（外部小微），也有一些平台型企业，在开放的生态系统里一起和用户交互，把顾客变为持续交互的终生用户。海尔黑海体系以"热带雨林"的维度融合了各个和"家"有关的行业，使行业消失在生态交互中，却以一种崭新的姿态出现在用户幸福美好的生活里。

海尔智家构建了"衣食住娱"全生态用户场景，可以快速满足场景需求，提供解决方案，海尔智家生态不再是产品、品牌的单一扩展，也不仅仅是产品功能之间的联动，而是与用户生活相关的全行业全覆盖，多生态品牌来自不同的行业，在海尔智家平台上积极与用户交互并满足用户需求，海尔和合作伙伴们跨行业合作，共同提升市场无边界的"黑海"公域流量。

在"衣"的智家场景中，海尔衣联网接入了服装品牌、家纺品牌、洗护用品、RFID物联技术等5300余家生态资源方，覆盖服装、家纺、洗衣液、皮革等13个行业。

在"食"的智家场景中，打造出了购买、存储、烹饪、饮食、清洁、安全不同场景下的一站式服务，参与的生态品牌包括博洛尼橱柜、乐扣、乐美雅、贝立安、双立人、特百惠、中粮等。

在"住"的智家场景中，海尔空气网联合生态资源方优眠严选共同打造智慧儿童房，推出儿童健康睡眠场景，实现共创产品，共享渠道，双方用户可实现一站式购买。

在"娱"的智家场景，也有不少合作伙伴。

社交电商的优势在于平台的生态，它链接了生产商和品牌商，在需求侧跨界销售，弥合了消费端行业的界限。海尔人单合一模式下生态覆盖行业的方式与此不同，海尔从内部组织、流程和机制上开始生态介入，利用供给侧的资源优势，由卡奥斯等赋能平台介入前端研发设计，日日顺、海尔的互联网工厂等从中间环节参与，顺逛、海尔智家、海尔生物医疗、三翼鸟等在需求端交互，最终形成一个生态品牌矩阵，立体化生态系统，其效率之高，非社交电商的单侧生态所能企及。

"我的平台我做主"，现在变成了"我的生态我主宰"，谁拥有生态体系和平台，谁就有了首先和用户交互的权利，就可以跨行业整合，消除传统时代行业之间的鸿沟。诚如海尔集团前董事局主席张瑞敏所言：未来的企业要么打造物联网，要么加入物联网。

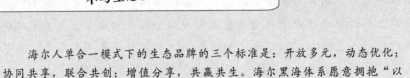

海尔管理大智慧：
不与生态伙伴抢流量

　　海尔人单合一模式下的生态品牌的三个标准是：开放多元，动态优化；协同共享，联合共创；增值分享，共赢共生。海尔黑海体系愿意拥抱"以终身交互用户"为中心的同一纬度上的所有生态伙伴，共同在生态进化的星辰大海里持续进化、不断优化。

第九节 案例观察：海尔"三金奖"的寓意

海尔在不同发展时期的激励措施不同，海尔的激励方法总是能够使员工在内心认同，即便是负激励，也让人心服口服。

北京大学总裁班上有一位四川德阳企业家——吕向韵，他是做建材生意的，他依然记得22年前去海尔参观的情景，当时海尔采取的即时激励，用红黄票即时兑现，兑现的红黄票在食堂的信息公布栏里公开。后来说的热手炉效应就是海尔的即时激励，在食堂公开是为了透明、公正，如果有不公平情况出现，员工可以上诉，也加强了宣传，让员工不好意思再犯错误。

还有的企业家记得海尔的80/20价值责任兑现，当一件事情发生了问题，兑现损失，员工只兑现损失的20%，而直接管理者要兑现80%。员工做不好，是因为领导没有搭建出想犯错也错不了的流程和平台。至今，这种管理方法在中国的一些民营企业里还在被广泛借鉴使用。

海尔在2005年之前推行的是基层员工激励方法——小改小革小发明，以发明或创新者命名，例如"云燕镜子""晓玲扳手""启明焊枪""马国军垫块"，这一方式成就了很多员工，也成为很多高校课堂上的生动案例。

不难发现，这些激励措施都是"以人为本"，从人性的角度出发来设计的。自2005年海尔集团推行人单合一模式以来，激励方式发生了很大的变化，但不变的是"以人为本"，以员工为用户创造价值为导向。

海尔最有"魅力"的激励就是"三金"大奖，分别是金锤奖、金榕树奖和金网奖。三个奖项的奖杯上都有张瑞敏的一句话签字和签名，一句话签字是——金锤奖：执一不失，能君万物；金榕树奖：独木成林，大方无隅；金网奖：太上，不知有之。

"执一不失，能君万物"，这句话的原话为"执一之君子，执一而不失，能君万物"，出自《管子·心术下》。其本意是：对事物本质的道理要执着地坚持，这样才能让万物为我所用。在海尔，员工的理解有了延展和场景：坚持人单合一中的第一竞争力目标不放松，就可以整合所有的资源为我所用。

金锤奖还有一层不言而喻的含义，当年海尔凭借一把金锤砸出了一个世界名牌，就是因为海尔对创国际化品牌梦想的笃定不移，和敢于对陈旧管理体系的"创造性破坏"精神使然。只有牢记市场目标，不忘创业初心的创客才能拿到这个奖项，而这个奖项本质是用户颁发的。

海尔设立的"三金"大奖寓意深刻，奖励的目的是为了铭记海尔变革的目标，在为用户创造最大的价值的同时，实现自我价值。三个奖项的寓意标志着海尔矢志不渝地进行物联网转型，专心致志地推行人单合一管理模式。在 2017 年 1 月 14 日创客表彰大会上，海尔又在"金网奖"的基础上增设了"CEO 大奖提名奖"和"CEO 大奖"，以表彰那些有突出贡献的行业主（平台主）们。

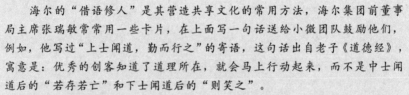

海尔管理大智慧：海尔"借语修人"

　　海尔的"借语修人"是其营造共享文化的常用方法，海尔集团前董事局主席张瑞敏常常用一些卡片，在上面写一句话送给小微团队鼓励他们，例如，他写过"上士闻道，勤而行之"的寄语，这句话出自老子《道德经》，寓意：优秀的创客知道了道理所在，就会马上行动起来，而不是中士闻道后的"若存若亡"和下士闻道后的"则笑之"。

　　海尔"借语修人"的方法给企业管理者的启示是：文化是熏陶和影响出来的，而不是强加的。

第十节 海尔的"背越式"变革

海尔从 2005 年开始的人单合一管理模式，是海尔挑战自己的一次全员变革，在世界范围内对海尔的关注达到了前所未有的程度。海尔集团前董事局主席张瑞敏也坦言："这次变革犹如在高空飞行的飞机更换新引擎，其风险程度可想而知。"海尔人自称这次变革是坚定并快速地"自杀重生"。

海尔内部流传着"背越式"跳高的故事，变革中的海尔人以此共勉。

企业变革，尤其是行业内头部企业的变革，往往会受到社会和大众的广泛关注，变革的阻力一方面来自企业内部，另一方面来自企业外部的舆论。海尔刚刚在美国建厂的时候，很多记者质疑：能在国内吃肉，何必到国外喝汤？但海尔人抵住了来自内外的压力，坚信"国门之内无名牌"，走出国门和狼共舞，下棋找高手对弈，最后海尔也成了国际知名品牌。

2014 年，张瑞敏在《致创客的一封信》中写道："在没有标杆的摸索中，我们宁愿承受外界的质疑和批评。但我们没有轻言放弃，因为鼓励我们坚持下去的不是成功，而是对时代精神的求索。"

"树欲静而风不止"，让大树倒下的不是风，关键是树是否把根扎得够深，是否把根深深植入了终身交互用户的心里。

海尔管理大智慧：海尔变革的"三不足"精神

任何变革都会遇到阻力，海尔人单合一管理模式的变革是海尔应对时代变化做出的内驱变革，张瑞敏常用北宋政治家王安石的一句名言鼓励所有的海尔人："天变不足畏，祖宗不足法，人言不足恤。"海尔变革中的"三不足"精神足以勉励那些走在企业变革道路上的企业家们，既然变革本身是有红利的，变革之道必不远人。

第二章 ▎人单合一的底层逻辑

导　读

　　对标学习是企业管理创新的有效方式之一，海尔在国内和国际市场取得的业绩，以及海尔在物联网时代组织变革和管理模式升级的经验值得国内外企业学习。

　　小微企业可以学习海尔的管理哲学，中型企业可以学习海尔的人单合一逻辑，大型企业可以学习海尔建立生态体系打造生态品牌的做法。而学习和借鉴海尔的管理模式就必须先了解人单合一的底层逻辑。

第一节　人单合一中的"人"

在第一章第四节中，我对人单合一的"人"进行了界定，这里的人是开放的，不只是海尔内部的人，也包括外部凭借有竞争力的预案来抢入海尔小微组织的人。海尔对"人"的基本素质、资历和能力是有严格要求的。

对内部的创客（海尔内部员工一律称为创客）来讲，抢入小微要进行资历审查。有些小微在组织团队的时候，对内部抢入小微的成员的资历规定了严格的审查标准，人力小微也会为小微选择创客做好数据支持。这些记录都是用户的评价而非领导的评价，因为等级记录是根据为用户创造的价值自动生成的。

对外部的创客，海尔的要求是自以为非，这也是海尔文化基因的密码。自以为非，以用户为是。海尔人所有的领导只有一个，那就是用户。因此，你离用户越近，抢入小微的可能性越大。

小微组织中的人应该是"活而不乱"的，在参与约束和激励相容约束下，主动升维成长，自觉地把用户价值最大化和个人利益的最大化连在一起，也就是在实现用户价值最大化的前提下实现自我个人利益的最大化。

我认为，小微组织中的创客就是要做到鹰一样的个体、雁一样的团队——独立与市场交互，要像鹰一样有战斗力，而在组织中，要像雁一样彼此协同，提升组织的能力，勠力同心地响应客户的个性化场景需求。

海尔创客有相对自主的权利，小微团队内的小微主和创客之间的关系是"官兵互选，按单聚散"。我访问过一些小微主，问他们最希望创客具备什么素养，他们说："同心同德，独当一面。"另外，他们强调思想和行动上的开放。

海尔管理大智慧：
　　　　海尔的传家宝

　　2014年，张瑞敏在《致创客的一封信》中写道："我们追上了曾经奉为经典的榜样，同时也失去了可借鉴的标杆。面对新的挑战，我们剩下唯一没有被时代抛弃的武器是永远的两创精神，永远创业，永远创新。"

　　海尔的两创精神无疑是海尔的传家宝，是海尔不断披荆斩棘、奋勇前进的动力。海尔没有守业，只有创业，同样，海尔立于创新浪尖的唯一方法是持续创新，因为海尔没有可借鉴的标杆。

　　海尔的传家宝对企业家的启示是：人是企业的资产，而有两创精神的人是企业的财富。

第二节　人单合一中的"单"

在第一章第四节中，我也对人单合一的"单"进行了界定，"单"有两个特质和我们平时理解的订单有所不同。

首先订单是自己"抢"来的，这里的"抢"说的是要有完成预期订单的预案，是谋略好的订单，是《孙子兵法》中所说的"胜兵先胜而后求战"，这和上级分配订单、员工被动执行订单有本质的区别。

其次，"单"是有竞争力的订单，这个订单要在行业内有引领性，要做到行业领先、行业第一，最终持续引领行业。因此这个订单是动态优化的，不是封闭固化的，它需要根据市场变化持续地提升订单的动态竞争力。在海尔集团国际化发展战略阶段，海尔就提出员工要有"打飞靶"的能力，就是指市场行情发生了变化，订单的竞争力也要水涨船高，不能停留在原来的预期水平。

我把这两种特质总结为"高单自生"和"高单自进"，人单合一中"单"的特质决定了海尔人单合一中薪酬体系的用户付薪机制基本标准：抢单机制、高单自成和高酬自定。

这两种特质也决定了海尔由原来"锁人找单"变为了"锁单找人"，也就是现在链群形成后小微要抢入链群的机制。订单目标是锁定的，谁能完成，就拿着预案抢入，签订对赌协议，最后实现"我的用户我创造，我的增值我分享"。

在人单合一管理模式下，海尔的"单"必须具备组织上链群涌现、裂变和进化，产业上供应链开放，多方入局，形成生态。

以海尔洗碗机为例，在近20年的发展历程中，它的发展目标不断进化，订单目标和获取的方式也在不断演进。

1999年6月，海尔初入洗碗机行业，洗碗机在当时并不被消费者看好，被认为是一个鸡肋行业。用户认为洗碗是家庭加强沟通交流、强化家庭亲情难得的环节，根本不需要西方国家盛行的洗碗机。但随着"90后"成为消费主流，消费理念的变化使洗碗机开始走入智慧家居的场景。海尔也在不断调整洗碗机的行业生态和目标：

1.0阶段：从单一洗碗机产品到提供系列可供选择的智能厨房产品，实现从产品到方案的转型；

2.0阶段：从厨房整体解决方案到场景个性化定制解决方案，实现从方案到场景的转型；

3.0阶段：从场景解决方案到"买、存、做、吃、洗"的全流程健康饮食生态，吸引食品、农林牧渔、酒水饮品、烹饪、家居、营养健康、物流运输等多行业进行跨界联手合作打造厨房生态，实现从卖"场景"到卖"生态"转型。

而承接洗碗机升级的平台不是洗碗机事业部，是海尔食联网生态平台，其背后是链群组织和创客的驱动。在2021年春节前夕，食联网推出"年夜饭礼盒"，共有4组套餐、16道名菜供用户选择，订单销量堪比五星级酒店的年夜饭。

这就是洗碗机产品订单的进化和演化路线，是产品到方案、场景和生态的进化过程。

海尔管理大智慧：海尔的"套圈"竞争

"套圈"是张瑞敏在2017年1月海尔创新年会上提出的竞争战略。"套圈"不是目的，而是一种竞争方式，只有先有"套圈"的思想，才可能实现换道超车。海尔"套圈"竞争策略带给企业管理者的启示是：升维竞争，换频超越，你才能从红海到蓝海，从蓝海到黑海，实现持续引领行业的目标。

第三节　人单合一的组织逻辑

人单合一的组织逻辑是企业管理者最为热衷学习的内容，因为人单合一的本质是基于组织的变革，在为企业家授课和咨询项目的现场，问及最多的就是关于人单合一的组织逻辑究竟是什么样的。

我从学习实践者的角度，化繁为简，结合自身的实践和实地采访，把人单合一的组织逻辑浓缩为一张简图。人单合一的组织逻辑本质是颠覆了科层制，把原来金字塔式的组织结构变为了"节点闭环网络生态组织"（见图2-1）。

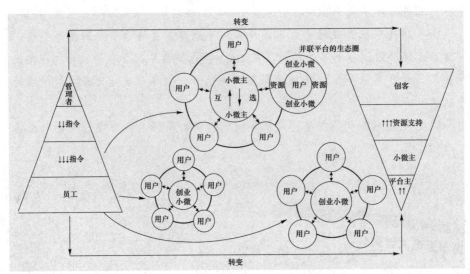

图 2-1　海尔人单合一组织底层逻辑图

海尔官方称人单合一的组织模式为"节点闭环网络组织"，结合海尔集团董事局前主席张瑞敏的多次讲话精神和海尔实践，我把它称为"节点闭环网络生态组织"，这个组织是海尔小微生态圈时代最合适的名称。

海尔的"节点闭环网络生态组织"经历了至少四次迭代，在本书第三章第四节会详细阐述，本节主要讲最新的组织模式。

海尔"节点闭环网络生态组织"有五个特质，对组织变革的企业都有很大的启示和借鉴意义。

第一，底层指导理论的变化：从金字塔式的层级制度转变为了节点闭环组织，也就是员工从金字塔结构的组织里走出来，组建成小微组织（小微公司或内部的动态组织）——节点闭环组织。因为小微组织不能独立完成一个闭环的订单从体验到创单的过程，它必须抢入链群组织，这样整个链群组织的获取订单和交付订单及订单的迭代升级就是闭环的了。当然，每个小微内部的节点工作必须是内部闭环，外部和其他小微交互也必须闭环，因此称为节点闭环组织。

第二，员工角色的变化：原来的职务职级角色变成五种角色。海尔官方公布的小微组织内的三种角色是创客、小微主和平台主，结合实践，我把接口人和动态的链群主也加入进去，以便于学习者有整体的概念理解。五种角色的详细阐述见本章第四节内容。

第三，组织组建方式的变化：原来组织的设计属于顶层设计，而海尔小微组织是"自组织、自驱动、自增值、自进化"的，充分体现了自主精神。

第四，组织内部结构的变化：从整个企业来看，金字塔被打破了，但小微企业内部是不是又出现了小金字塔？海尔避免这种现象的做法是内部组织实现"官兵互选，按单聚散"的方式，产业平台（由原来的产品事业部转型而来）和专业平台（由原来的功能部门转型而来）内的小微主称为"接口人"，和创客不再是领导和层级的关系，达到"活而不乱"的自治和共治目标。

第五，组织形态的变化：人单合一的组织是非线性的、动态演变的，尤其是生态链中的小微群，简称链群。生态链上的小微群，生态链的目标和规则是加入的小微共同遵循的，这些小微有很大的自主性，但是如果在链群里，就和链群的目标相一致，这就是海尔常说的"激励相容约束"。海尔人单合一组织形态变成了生态，因此称为非线性分布式组织。

总体而言，海尔人单合一的组织逻辑具备三个特质：去中心、去中介、分布式，最终内部创客之间和小微和用户之间实现了零距离。

海尔人单合一的组织变革初衷是为了适应物联网时代的特征要求，其理论依据也是物联网发展所需要的组织形式。

牛津大学教授丹娜·佐哈尔曾多次到海尔集团调研，她看到海尔的组织变革后提出了量子管理学。量子力学理论颠覆了以牛顿力学为基础的经典物理学理论，量子管理学也颠覆了传统线性管理模式。

海尔管理大智慧：无边界与"群龙无首"

海尔人单合一的组织结构拆掉了企业内部部门之间的墙，也拆掉了企业和外部市场的墙，这样企业就成了开放的组织，内外部的资源流动起来，这就是海尔说的企业无边界。

海尔无首而治的创新启示是：不要领导和控制员工，而应该把更多的精力放在如何和用户交互上，思考如何通过内部的管理变革让用户的增值更多一些。

第四节 人单合一的五种角色

按照传统理论，组织建成以后要人岗匹配，要设计好岗位并把符合岗位要求的人招聘到位。而海尔人单合一的小微组织是自组织，按单聚散，先单后人。组织建立可以按照单找人的原则，当然也可以自动抢入小微公司，按照人抢单的原则。

人单合一的组织形式经历了四个发展阶段，按照海尔模式研究院的划分，可以总结为人单合一 1.0、人单合一 2.0、人单合一 3.0 和人单合一 4.0 阶段，每个阶段的组织形式不同，但人单合一的组织逻辑没有发生变化。人单合一组织形式的四个演进阶段将在第三章第四节阐述。本节是基于人单合一 4.0 阶段的组织形式，也是海尔人单合一模式迄今（2021 年 9 月）最新的组织形式。

人单合一 4.0 阶段的节点闭环网络生态组织形式有小微、平台小微公司（含行业小微和专业小微）和链群组成，人单合一最基础的组织单位是小微，在市场终端的表现为生态链小微群（链群），支持平台（专业平台）小微为节点小微。

海尔人单合一 4.0 阶段的"节点闭环网络生态组织"内的角色有五种，分别是：创客、小微主、平台主、链群主和接口人。

为了说明组织和组织中创客角色（小微成员）的分类，表 2-1 列出了组织和组织内创客角色的对照释义。为简化人单合一"节点闭环网络生态分布式组织"的名称，表格和以后的内文中统一称其为"网络生态分布式组织"。

为了更加形象地说明"网络生态分布式组织"中的链群、小微和平台链群之间的关系，以及内部的角色，我以海尔智家生态平台（生态品牌）为例，来说明海尔人单合一 4.0 阶段的组织结构和内部成员及角色的生态关系（见图 2-2）。

表 2-1　海尔人单合一 4.0 阶段网络生态分布式组织创客分类对照表

角色	组织			
	小微公司	专业平台	产业平台	链群
创客	网络生态分布式组织的基本组织单元成员	由原来的平台经营体和战略经营体演进而来，分为共享中台和基础后台，共享中台包括营销、研发、供应链、金融等，也包括战略、人力、财务等"三自"平台，基础后台包括文化、理念、数据和算法等。平台小微里面的成员为创客	由原来的一线经营体演进而来，是按照原来的行业领域（用户群体）来划分的，包括制冷、空气、洗涤、水圈等平台生态链群（生态圈），表现方式有衣联网、食联网、血液网等	动态的生态链中的小微群，按单聚散，其中的成员为创客
小微主	网络生态分布式组织的基本组织的对外市场接口人和牵头人	平台类小微的牵头人和接口人	若干的用户小微和节点小微组成的链群，用户小微负责用户交互，其他节点小微分为体验链群和创单链群	链群中的小微主也遵循官兵互选原则
平台主	小微接口人对接平台小微接口人	平台小微公司的总牵头人	行业小微公司（链群）的总牵头人	链群主与平台主是合约关系
链群主	如果小微公司是链群中的主要牵头小微，此小微主可以抢先成为链群主	链群主和平台小微之间由用户小微的节点小微对接平台小微	行业小微公司的总牵头人可以为某场景或生态链群主，其他场景链群也可以由其他人抢入	链群主一般是某个领域的行业主，也可以自组织（包括外部小微抢入）
接口人	小微公司的小微主一般是接口人，也可以为创客	专业平台小微的接口人为小微主，或者其他创客，主要对接用户小微的节点小微	产业平台往往有多个链群，链群分为体验链群和创单链群，链群中的小微接口人为小微主，或者其他创客，用户小微接口较多	链群中的小微接口人和普通小微的接口人一样，对接资源和对接用户需求

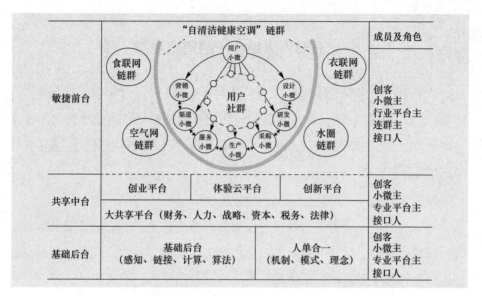

图 2-2 海尔智家生态体系组织结构及成员角色图示

在图 2-2 中，海尔智家生态品牌目前拥有衣联网链群、空气网链群、食联网链群、水圈链群等，以空气网中的子链群——自清洁健康空调链群为例，其中的体验链群有用户小微、营销小微、渠道小微、服务小微；创单链群有研发小微、设计小微、采购小微、生产小微等。他们共同自发组建的链群一起来满足场景用户——有自清洁功能、能耗低的健康空调需求。

共享中台和基础后台是资源对接平台，这些中后台在海尔人单合一模式下，也开始转为"实体"，以小微的方式抢入链群，或者自己本身就可以组建链群，在海尔开放的体系内经营，成为生态收入的主力军，例如海尔金融链群。

再以共享中台中的体验云平台为例，他们推出的"5+7+N"智慧家庭场景解决方案，可以直接与产业链群对接，从生态和场景的维度来立体满足智慧家庭某一个具体场景的整体需求，可以提升单个用户的交互价值。"云"一共分为三类：第一类是基础云，比如谷歌；第二类是应用云，比如教育、体育等；第三类是体验云，和用户连接在一起。海尔体验云平台是行业内的首创，也是海尔与时俱进应对物联网用户消费习惯的转型升级新方法。

敏捷前台的链群和小微，及共享中台与基础后台的成员和角色在图 2-2 中已经列出，在后面的章节还会详细阐述这三个平台之间的互动。

第五节　人单合一的黑海生态

从 2019 年开始，海尔进入了第六个发展战略阶段——生态品牌发展战略阶段，2021 年 3 月 27 日，海尔集团时任董事局主席、首席执行官张瑞敏又提出黑海战略。这两个战略不矛盾，黑海战略的目的就是要建立生态品牌并形成生态体系。

海尔人单合一管理模式和黑海战略的关系是什么？

海尔人单合一是适应物联网时代的管理模式，而黑海战略是基于物联网时代的发展战略，战略的发展需要管理模式的支撑，因此人单合一是黑海战略的管理体系支撑。海尔集团未来将从体验云和卡奥斯两大板块入手，驱动各领域、子领域和链群抢建黑海生态。而各领域和链群的组建都是基于人单合一管理模式而来，人单合一是黑海战略的管理基础。

那么，未来黑海生态的目标是什么？人单合一如何支撑黑海战略的发展，我以一张简图来说明人单合一和黑海战略的支撑关系，见图 2-3。

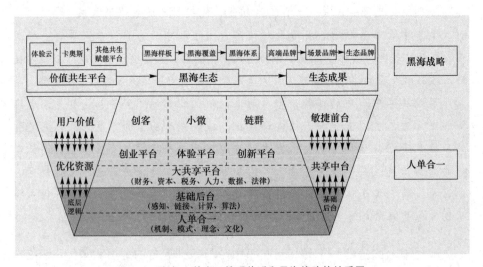

图 2-3　海尔人单合一管理体系和黑海战略的关系图

在图 2-3 中，人单合一是基础，它的运营逻辑由三个部分组成，从图的右侧到左侧分别是：三个平台简述、三个平台详解和三个平台作用。

三个平台是指敏捷前台、共享中台和基础后台。敏捷前台的表现方式为创客、小微和链群，他们和用户持续交互，是在市场的具体表现形式，例如，血液网、衣联网和食联网等链群及其内部的小微、创客。这三个平台有五大生态平台组成，分别是：海尔智家、卡奥斯、海纳云、盈康一生和海创汇。

共享中台包括创业平台、体验平台和创新平台三个稍微前端的中台，以及稍微后端的大共享平台，大共享平台包括税务、人力、财务、数据、法律等平台。体验平台以体验云平台为主，其子平台有体验云众播，而创业平台有海创汇等，创新平台有卡奥斯赋能平台等。这里要特别说明：共享中台和敏捷前台的界限模糊，因为海尔的组织已经是生态的，没有边界，所以会出现边界的模糊，例如卡奥斯属于前台，也属于中台。

基础后台由两部分组成：基础后台和人单合一模式。基础后台包括感知数据、连接方式、计算和算法等；人单合一模式包括如机制、模式、文化和理念，这部分主要是基于人单合一模式的文化和机制。基础后台是人单合一管理体系的土壤，是海尔黑海战略体系的最底层逻辑。

黑海战略最终要实现三个目标：完成价值共生平台的建设，实现黑海生态，并取得黑海生态成果。在图 2-3 的上半部分，我把这三个目标做了详细的展示。

价值共生平台有体验云、卡奥斯和其他逐渐形成的共生赋能平台组成，它们之间是并联关系；黑海体系包括黑海样板、黑海体系的覆盖速度、黑海体系的组成，它们之间是演进关系；黑海生态成果由高端品牌、场景品牌和生态品牌组成，它们之间也是演进关系。这部分内容将在本书第四章的第三节详细阐述。

基于人单合一的黑海战略将在平台赋能驱动下，自动进化，不断迭代，以高度的覆盖程度，抢占场景和生态，为更多的用户和生态合作伙伴创造更多的生态成果，并成就海尔的生态品牌和生态体系健全。

海尔管理大智慧：帝国易倾，城市长存

帝国易倾，城市长存。城市的永恒在于永远拥有源源不断的动力源，一个中心消失了，另外一个中心很快又可以出现。

柯达、诺基亚、摩托罗拉等商业帝国的陨落教训十分深刻。海尔不再是家电帝国，而是要建成像城市一样的生态体系，其生生不息的持续发展局面未来可期。

第六节 案例观察：海尔生态化的哲学

海尔基于人单合一模式的变革，力求把海尔建成平台型组织，甚至是生态组织，海尔这场轰轰烈烈的生态化战役的管理哲学来自热带雨林的生存哲学。

从 2016 年开始，海尔精神变成了"诚信生态，共享平台"，"生态"是海尔创客提及最多的词汇之一。生态覆盖行业是海尔人的生态观，海尔所有的产业和行业必须向生态体系转型，同时海尔的赋能平台和"三自"平台等共享平台立即联动，与产业平台一起快速复制生态样板，快速实现行业的生态覆盖。

生态体系因为存在相互依存的多物种，具备了抵御风险的能力。好比一场暴风雨可能让一座花园破败，却没有办法摧毁一片雨林。

除了抵御风险之外，生态的优势还在于它本身的自修复、自进化和自驱动功能，海尔集团前董事局主席张瑞敏说："你自己修个小花园，因为有边界，要维持它，就需要投入大量的精力，几天不打理就会荒废。反之，在亚马逊的原始森林里，根本不需要投入任何精力去干预，各种植物也都活得很好，万世不竭。"

热带雨林的生态法则无疑给了海尔极大的启示，也是海尔生态化哲学的来由之一。热带雨林的生态法则至少还有几个现象也让海尔在生态化的进程中得到了启迪。一个是雨林中越小的生物其反应速度越快；另一个是雨林是开放的和多元的，各种生物之间彼此滋养，共生共存；还有一个就是雨林可以涌现出新物种来，关键是新物种也是自然涌现的，不是人造的。这三个现象，海尔借鉴到人单合一的组织变革中：第一个是把组织变小，形成小微，这样反应速度就会快；第二个是小微内的成员是开放的，外部创客可以加入，链群内的小微是多元且是价值共生，在同一目标下的资源互补，共创用户价值；第三个是海尔依赖卡奥斯和体验云赋能平台，在赋能外部企业时，不断涌现出新物种，例如建陶高端品牌青竺、食联网中的"一键烤鸭"等。

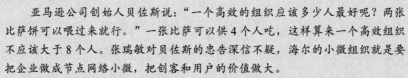

海尔管理大智慧：
贝佐斯的忠告

  亚马逊公司创始人贝佐斯说："一个高效的组织应该多少人最好呢？两张比萨饼可以喂过来就行。"一张比萨可以供4个人吃，这样算来一个高效组织不应该大于8个人。张瑞敏对贝佐斯的忠告深信不疑，海尔的小微组织就是要把企业做成节点网络小微，把创客和用户的价值做大。

  生态系统也欢迎小生物的涌现，因为小反应就快，小的植物就可以做到无缝不生。热带雨林的小草年年葱郁，而参天的乔木还有被风和雷电损害的时候。

  要成生态，先学小草，不与树争。

第七节　管理透视之海尔经典"三问"

在海尔内部，曾经流传着经典三问。

第一个是张瑞敏之问：如果海尔引进和松下一模一样的生产线，我们能生产出和松下一模一样的产品吗？

第二个是高速路司机之问：领导在办公室里总是能接到司机打来的电话：公司运货的车被查超重，开发票罚 3000 元，不开发票罚 800 元，选择哪个？

第三个是郭台铭之问：富士康给员工宿舍修建了电影院和泳池，为什么还有人跳楼？

这三个问题其实最终都指向了企业内部的"人"，不解决"人"的问题，企业管理者面临的问题会此起彼伏，层出不穷，正如"摁下葫芦，浮起来瓢"。

第一个问题折射出来的是：企业里的"人"不是"自然人"，甚至不仅仅是"经济人"，企业里的"人"属于软实力而非硬实力，企业里的"人"如果没有和先进的创单系统合一，他们就无法在世界一流的生产线上产出一流的产品；

第二个问题映射出来的是：企业里的"人"如果不是"自主人"，他就是"雇佣人"和"执行人"，既然一切听命于领导，就是"花公司的钱办公司的事"，决策的事情必须请示领导；

第三个问题投射出来的是：企业里的"人"不单纯是"社会人"，他们需要"自己做自己的心理医生"，而这种自我驱动、自我增值、自我进化的过程需要一个"参与约束"的机制。这种"参与约束"可以保障员工参与企业经营活动的自觉性、自发性，并能在后期的用户增值里得到增值分享，充分体现员工的"主人翁"地位。

传统管理模式的价值主张强调工具理性，体现为主张人性本恶的 X 理论和主张人性本善的 Y 理论，X 理论和 Y 理论分别对应"经济人"假设和"社会人"

假设。X 理论和"经济人"假设催生福特模式，Y 理论和"社会人"假设催生丰田模式。

三个经典问题背后的逻辑，结合麦克雷格的理论，海尔对"人"的假设有了更为深刻的理解，在人单合一中，"人"遵循"四自"原则：自组织、自驱动、自增值、自进化，这里的人就变成了"自主人"，是人与企业共治，不是"被治"。

海尔和"人"用"合约"的方式双方自愿签订协议，也就是海尔人单合一模式下的"链群合约"，而这种"合约"可以在系统里自动生成，关键是链群需要"人"以由竞争力的预案"抢入"，绝非"被迫而入"，进入链群的"人"有用人权、场景决策权和分配权。

至此，三个经典之问的根本问题就迎刃而解。

海尔更乐于把这种具备参与约束和激励相容约束的"合约人"称为"自主人"。

海尔管理大智慧：海尔"合约人"

海尔链群合约机制避免了传统合约中心化因素的影响，其自动执行特性规避了人为因素的干扰，目标不需要层层下达，资源不需要层层审批。通过事前约定、事中动态调整、事后兑现全流程线上自动化生成，彻底解决了目标制定、订单获取、订单增值和订单执行中"搭便车""增值算不清""分享兑现不及时"等问题。

X 理论是基于"经济人"的假设，Y 理论是基于"社会人"的假设。而海尔基于"合约人"的假设我们不妨称之为 Z 理论，它能成就海尔人单合一模式的引领并催生海尔黑海战略。

海尔"合约人"带来的启示是：用物联网技术，结合"人"的准确假设，通过人单合一模式的进化，可以让人超越"经济人""社会人"，变为"人本共治"的"合约人"。

第三章 ▍人单合一的发展历程

导 读

学习和研究人单合一管理模式，就必须把它还原到海尔集团整体的发展历程中去审视和探究，因为任何一种管理模式的发展和进化都是有时代背景和企业发展场景的。

从 1984 年 12 月 26 日张瑞敏从青岛家电总公司调入青岛电冰箱厂任厂长算起，海尔集团已经走过了 37 个年头。海尔从一个濒临倒闭的集体小厂成长为今天的全球白电第一品牌，在全球，海尔拥有数以亿计的用户，每天有十几万台海尔产品进入全球市场。

2021 年 1 月，海尔集团前董事局主席张瑞敏在《新年致全球创客的一封信》中写道：

"500 多年前，大航海开启了'数千年未有之巨变'：欧洲文艺复兴和工业革命席卷了整个世界，人类文明被重新塑造。500 年后，互联网带来了另一个'数千年未有之巨变'：桌面互联和移动互联对我们的物质和精神进行了深刻改造。互联网的下一个时代——物联网时代即将到来，我们身处的变局将更加复杂，我们面临的挑战亦是前所未有。从管理的道与术的层面来讲，在大航海所开启的时代，泰勒的科学管理和精益管理成了那个时代的道。在互联网开启的时代，无数思想家、政治家和企业家都在为自己和时代探索一条新的道路。"

正如管理大师德鲁克所言，根本就没有成功这回事。同样，没有成功的企业，只有时代的企业；没有成功的管理模式，只有时代的管理模式。

在时代巨变面前，海尔不敢懈怠。

　　海尔的人单合一管理模式是海尔探索时代节拍的历史答卷，也是海尔应对物联网浪潮的时代准备。海尔人单合一的发展历程，和时代的发展路径、海尔集团的管理演进、张瑞敏及其团队的管理哲学紧紧联系在一起。

第一节　海尔"7年主动谋变"的逻辑

企业的成长过程也是一次次自我否定、破茧重生、涅槃的过程。这个过程虽然是痛苦的，却是一个企业维持旺盛生命力的必由之路。荷兰有句经典民谚：台风来了，有人建墙，也有人造风车。面对时代和趋势的变化，海尔是"造风车"的组织。海尔与时俱进，顺势而为，以战战兢兢的姿态踏准了时代的节拍。

海尔踏准时代节拍的节奏是"七年主动谋变"，进入一个新的战略发展阶段，这已经是海尔的规则。从1984年起，海尔谋变的节奏就如七年等差数列般有规律，要么在海尔的创业纪念日公布下一个发展战略，要么召开专门的战略研讨会向企业和社会同时公布。

海尔规律性的周期性变革和经济的周期性调节的本质是一样的，只不过，经济的调节方式有结构性和机制性。巧合的是，人单合一的网络节点式的组织结构变革类似经济的结构性调节，而机制性调节则是人单合一的创客所有制和用户付薪等基本原则。

在未来扑朔迷离、尘埃未定的情况下，企业负责整体决策的管理者的洞察力和决策力是十分重要的，海尔集团前董事局主席、首席执行官张瑞敏有哲者气度和大家风范，更为重要的是他有"居安思危、居危思进"的危机意识和大局意识，让海尔一次次从"山重水复"走向"柳暗花明"。

"要么进化，要么进博物馆""要么进化，要么僵化""要么协作，要么消失""要么拥有平台，要么被平台拥有""不创新无异于自取灭亡"，张瑞敏对海尔人的这些告诫，使每一个海尔人骨子里充满了创业的冲动和创新的激情。

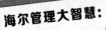

海尔管理大智慧：《易经》中"倾否"的哲理

　　张瑞敏多次引用"倾否，而非否倾"这句话，用于说明海尔要主动颠覆企业帝国式封闭的局面，而不是被封闭的局面所颠覆。海尔的七年周期的主动谋变就是这一思想的具体实践。

　　引用《易经》"倾否"的哲理，给企业管理者的启示是：在暴风雨来临之前，要修缮房子或建好风车。

第二节　海尔的六个"7年"

从 1984 年起，海尔以七年为一个小周期，共经历了六个战略发展阶段，其中第六个发展战略阶段从 2019 年开始，目前还在进行中。

我用一个表格来说明海尔的六个发展战略阶段，为了和海尔人单合一的发展轨迹在时间维度上和变革内容上契合，这个表格里列出了不同发展阶段的企业精神和企业作风、管理创新模式和组织创新形式，见表 3-1。

表 3-1　海尔集团六个发展战略阶段明细表

阶段	时间	企业精神 企业作风	管理创新	组织创新	标志事件
名牌战略阶段	1984—1991 年	海尔精神：无私奉献追求卓越 海尔作风：迅速反应马上行动	高标准、精细化、零缺陷	自主管理班组	砸冰箱
多元化战略阶段	1991—1998 年	海尔精神：敬业报国追求卓越 海尔作风：迅速反应马上行动	OEC 管理模式	战略事业单元	吃休克鱼
国际化战略阶段	1998—2005 年	海尔精神：敬业报国追求卓越 海尔作风：迅速反应马上行动	以市场链为纽带的业务流程再造	微型公司，或项目团队	美国建厂
全球化品牌战略阶段	2005—2012 年	海尔精神：创造资源美誉全球 海尔作风：人单合一速决速胜	人单合一双赢模式	倒三角—自主经营体 并联协同—利益共同体	取消 DC 库
网络化战略阶段	2012—2019 年	海尔精神：诚信生态共享平台 海尔作风：人单合一小微引爆	人单合一共创双赢模式	互联节点—创客小微	全员创客
生态品牌战略阶段	2019 年至今	海尔精神：诚信生态共赢进化 海尔作风：人单合一链群合约	链群合约，增值分享	生态链小微群	生态品牌（黑海战略）

从表 3-1 中不难看出，从 2005 年全球化品牌战略阶段以来，人单合一模式逐渐成熟，而此前，海尔的自主管理班组、战略事业单元、微型公司或项目团队其本质也是让企业里的"人"发挥自主精神，以员工为本，与企业共创用户价值。2005 年之前的管理创新和组织创新与人单合一的管理底层逻辑和战略方向是一致的，海尔人单合一的准备阶段大概用了 20 年时间，而实践又用了近 17 年时间，而且目前还在进行中。

为了更好地说明海尔集团的发展阶段和人单合一管理模式的统一性、协调性和融合性，我设计了表格 3-2 来阐释基于"人是目的"的价值观界定，这一界定也是海尔发展阶段最为突出的管理变化。

表 3-2　海尔集团发展战略与人单合一基于"人是目的"的价值观界定

阶段	时间	基于"人是目的"价值观界定	人单合一理念
名牌战略阶段	1984—1991 年	高品质的产品出自高素质的人	人人都管事，事事有人管
多元化战略阶段	1991—1998 年	盘活资产先盘活人	人人都有一个市场，人人都是一个市场
国际化战略阶段	1998—2005 年	欲创国际品牌先创人的国际化	以人的国际化创品牌的国际化
全球化品牌战略阶段	2005—2012 年	以海尔人的本土化创全球化本土品牌	人人都有单，单单都超值
网络化战略阶段	2012—2019 年	以链群创用户体验场景	人人创客，引爆引领
生态品牌战略阶段	2019 年至今	以生态体系创终身交互用户（以黑海体系引领生态价值）	诚信生态，共赢进化

从表 3-2 中可以看出，海尔每一个发展阶段其实都是基于"人"的出发来设计战略内涵和文化价值，张瑞敏所说的"人是目的，有生于无"是海尔价值观的出发点。人不是工具，而是目的，在无形的管理模式持续创新下创造出有形的用户价值，人在其中也会得到增值分享从而实现自己的价值。

需要特别说明的是，在第六个战略发展阶段，也就是生态品牌战略阶段，海尔迄今还没有公布基于"人是目的，有生于无"的价值观，我的理解是："以生态体系创终身交互用户"或者"以黑海体系引领生态价值"。我这种理解是基于海尔打造生态体系的黑海战略的实施，也是海尔在物联网时代建设非线性生态组织的价值观要求。

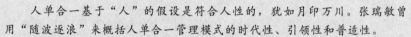

海尔管理大智慧：月印万川，随波逐浪

　　人单合一基于"人"的假设是符合人性的，犹如月印万川。张瑞敏曾用"随波逐浪"来概括人单合一管理模式的时代性、引领性和普适性。

　　人单合一模式也是时代性的成果，它应该成为"人的价值最大化"管理模式的新标准。海尔聚焦人单合一模式的过程就是截断其他管理模式的过程，是自己"顿悟"管理内核的历程。

　　无论是在美国、新西兰，还是在俄罗斯、印度，海尔人单合一管理模式都得到了认可和推广，海尔成为普惠不同国度的企业。人单合一模式的普适性在于它是与时俱进、适合物联网时代的管理模式。

第三节　海尔的"第二曲线"

企业有生命周期，产品同样也有生命周期，而且，世界管理学对产品生命周期的研究和成果成熟度远高于企业生命周期。

正常的产品生命周期轨迹如同一个 S 曲线（横轴为时间，纵轴为企业的效益产出），企业要在市场持续维持优势，不断创造递增的市场效益，就必须在第一条呈 S 状曲线的产品生命周期结束之前，尽快开始第二条产品生命旺盛的 S 曲线，这就是我们常说的"企业成长第二曲线"。

"管理哲学之父"查尔斯·汉迪认为乔布斯就是一位擅于驾驭第二曲线的管理者，他曾强调：必须在第一个曲线到达峰值之前就开始第二条产品曲线，只有这样才会有足够的资源来填补初期的投入。

产品生命周期和企业生命周期是密切相关的，它通过产品创新来延长产品的生命周期，从而传递出企业管理创新来延长企业生命周期的方法。结合西奥多·莱维特和埃弗雷特·罗杰斯的研究，学术界把产品生命周期的延长创新方式分为嫁接式和再生式。嫁接式创新"延寿"简单来说就是同业创新，而再生式"延寿"就是跨业创新，或者说是换频道创新。

图 3-1 和图 3-2 分别是嫁接式和再生式创新。

2015 年 11 月 27 日，张瑞敏在国家发改委举办的"发展改革大家谈"论坛上坦言："海尔必须摘掉成功的'眼罩'，当现有成长曲线出现明显下滑时，务必另辟新的成长曲线。在达到顶峰之前，应该想到这一条路再走下去可能就是下坡路，那你就要走另一条路。"

张瑞敏曾和查尔斯·汉迪有过近距离的交流，查尔斯·汉迪对海尔推行的人单合一管理模式评价很高，认为其理念、探索和实践"很符合第二曲线"。

显然，海尔的人单合一采取了再生式创新方法来寻找"第二曲线"，它几乎换了频道，在生态品牌维度而不是产品品牌维度。张瑞敏经常借用《大爆炸式创新》作者拉里·唐斯的观点，"到了大挤压阶段"，企业要生存就必须跨行业创新，也就是海尔的"套圈理论"。

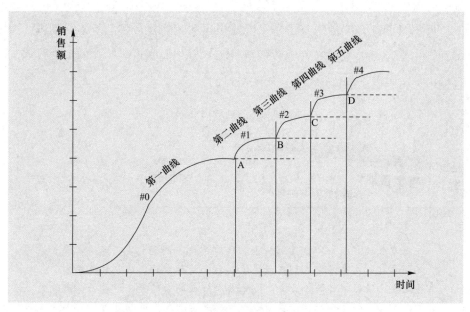

图 3-1 产品的嫁接式创新

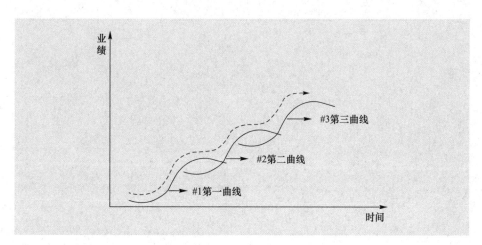

图 3-2 产品的再生式创新

不过，从具体的实践来看，具体到每一个产业小微，里面的创新又有嫁接式的影子。例如：空调的自清洁功能的创新，烤箱有了"烤鸭"等个性化功能。

海尔管理创新的创新方法是嫁接式和再生式的复合型创新，只不过，兼具理想主义和完美主义的张瑞敏更希望海尔是"涅槃重生"式的再造，而不是原来平台基础上的修修补补。

海尔管理大智慧：寻找"第二曲线"的时间

海尔管理层认为：企业既然是时代的产物，就避免不了诞生、成长、成熟和衰退的发展规律。但可以通过创新来延长企业的成长和成熟期，甚至再造一个脱胎换骨的新企业，迎来企业发展的新时期。这是寻找企业的"第二曲线"的基本逻辑。寻找企业的"第二曲线"的最佳时间是在企业壮年期来临之前，否则就失去了最佳寻找和再塑的时机。

第四节 人单合一的四次进化

海尔集团的发展经历了六个阶段，前三个阶段为人单合一积累了组织基础和理论基础。通过再生式和嫁接式复合式创新的方法，从2005年开始的人单合一经历了四次迭代，本文结合海尔模式研究院的研究成果，把这四个阶段分别称为人单合一1.0阶段、人单合一2.0阶段、人单合一3.0阶段和人单合一4.0阶段，其起止时间和组织变迁见图3-3。

图3-3 人单合一四次进化阶段

四次进化，其组织方式各异，具体的运营方式也有不同，但其底层逻辑是一样的，都是基于"人"的"四自"原则，让渡更多的权力给创客和小微，让他们为用户创造更多的价值。

从组织变革的视角，结合官网资料，我整理了四次进化阶段的组织变化和具体的运营方式，以便于读者对照阅读，见表3-3。

表3-3 人单合一四次进化阶段的组织变化和运营方式

阶段	组织运营	
	组织创新方式与运营模式	组织模式
人单合一1.0	将传统的正三角组织架构转型为倒三角组织架构，将以前提供决策权的领导从组织架构的顶层转移到底层，倒逼领导层成为提供资源的平台。将最接近市场一线的员工拆分成一个个小团队，组成自主经营体，由自主经营体来直接面向市场，满足用户需求	自主经营体

阶段	组织运营	
	组织创新方式与运营模式	组织模式
人单合一 2.0	将一线的自主经营体同后台的节点，如研发、物流、供应链等资源并联形成利益共同体。这种并联的利益共同体可以快速有效地响应市场，满足用户提出的个性化需求，促进企业经营利润的增长	利益共同体
人单合一 3.0	并联的利益共同体可以单独注册成小微公司，每个小微公司有"三权"：独立自主的决策权、用人权和薪酬权。根据小微性质，海尔 100% 持股的，根据会计准则并表，并根据小微发展方向及集团战略规划确定是否需要回流母公司；非海尔 100% 持股的小微是根据股东协议和每年董事会确定当年利润分配方案，权益法核算归母净利润	小微公司
人单合一 4.0	在物联网时代下，用户对单一产品的需求转型升级为对智慧生活解决方案的需求。因此在以小微为基本单元的分布式组织基础上，海尔发展出了新的组织形态——链群。它出现是为了满足用户的需求，在基于用户交互的基础上，用户会产生更多的需求	链群

四个阶段的人单合一组织模式如图 3-4 所示。

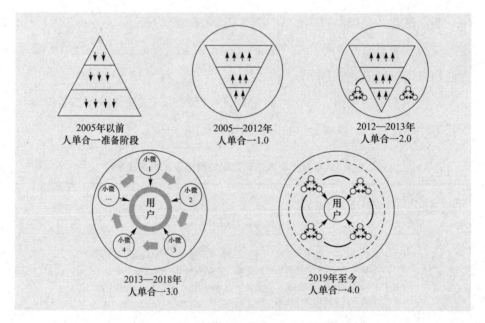

图 3-4　四个阶段的人单合一组织模式图示

第五节　人单合一的生态矩阵

在物联网时代，海尔对产品和行业的进化趋势判断是：产品必将被场景所替代，而生态将覆盖行业。依托物联网技术所构建的智慧场景能够实现与用户的深度交互，为用户创造价值，例如体验云平台，再如体验云众播平台。

在人单合一4.0阶段，链群要在海尔生态平台上和用户交互，实现生态价值、用户价值、员工价值和链群合约。生态价值的一个重要内容是生态成果，例如，生态品牌、场景品牌的创造。而场景品牌和生态品牌又反过来反哺生态体系的构建，那么生态体系究竟是什么样的体系呢？

人单合一生态矩阵以产品收入和生态收入两个指标作为衡量维度构建四象限，由此勾勒出了企业塑造的场景（生态）类型（见图3-5）。

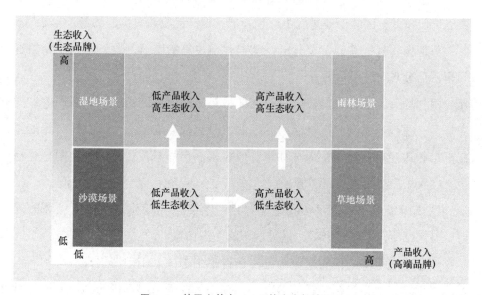

图3-5　基于人单合一4.0的生态矩阵图

这四种生态类型分别是：沙漠场景、草地场景、湿地场景和雨林场景。

沙漠场景是指生态收入、产品收入都低的场景。其场景表现是地面被沙覆盖，没有植被，雨水稀少，空气干燥，满目荒芜，生态价值低。沙漠产生的扬尘、沙尘暴破坏力强，同时沙漠造成了土地无法耕种，无法产生更多效益，产品价值低。

沙漠场景是企业应该摈弃或亟待升级的场景。

湿地场景：湿地是珍贵的自然资源，也是重要的生态系统，具有不可替代的综合功能。湿地的主要价值就是维护生物的多样性，调节径流，改善水质，调节小气候，以及提供食物及工业原料。因此湿地是指生态收入高，但产品收入较低的场景。

湿地场景是企业需要改良的场景，市场生态价值潜力巨大，升级方向是雨林场景。

草地场景：草地的主要功能就是为大多数食草动物提供食物，具有较高的产品价值。但是当草地被动物食用后，荒芜的草地就会对生态造成破坏，生态价值较低。因此草地是指生态收入低，但产品收入较高的场景。

草地场景有远期的发展危机，需要实现生态的覆盖，调节小气候及生态平衡，升级方向是雨林场景。

雨林场景：雨林内具有丰富的物种，是多种动物的栖息地、多种植被的生长地，是地球生物繁衍最活跃的地区，具有极高的生态价值。同时无论是在都市周边还是在远郊，森林都是价值极高的自然景观资源。因此雨林是指生态收入和产品收入双高的场景。

雨林场景已经具备了自我进化、自我裂变、自我修复、自我调节的能力，其内部可以衍生新物种，是最理想的生态体系。

划分生态矩阵的目的是指导链群在构建生态体系和创造生态品牌的过程中，以雨林生态为目标，趋利避害，持续创新，争取早日打造出自己产业领域内的雨林生态样板，并以最快的速度实现行业的生态覆盖。

第六节 管理透视之向《史记》借变革智慧

海尔人单合一在世界范围之内所受到的关注超越了其产品和品牌本身，一些西方国家的管理学家和经济学家对海尔人单合一模式推崇备至，被誉为"世界商业生态理论之父"的詹姆斯·穆尔这样评价海尔：海尔探索的热带雨林生态就是管理模式创新的方向，对人类来说是至关重要的一条道路。

其实，这场变革的总设计师张瑞敏在借鉴了美国、日本等国家精髓外，还在国学中汲取了充足的养分。在企业内部讲话和外部演讲中，他引经据典，旁征博引，中西兼备，但最终落脚点是西为中用。

2021年3月底，在河北保定召开的第六届中国强国制造论坛上，张瑞敏用《史记》中记载的故事来说明中国古人的变革智慧。

赵国是当时的大国，中山国是小国，中山国经常侵扰赵国，赵国不胜其烦。后来赵国内部进行了改革，国力变得强盛，彻底消灭了中山国。

赵国的变革就是"胡服骑射"，穿少数民族的服装，用少数民族的战法来提高战斗力。有的专家认为"改革"这个词就是来自赵武灵王的"胡服骑射"。胡服是皮革的服装，"改衣为革"，就是"改革"的来历。

在推进"胡服骑射"的过程中，赵武灵王遇到的变革阻力非常大，一个叫肥义的大臣非常支持他变革。《史记·赵世家》中记载肥义用"愚者暗成事，智者睹未形"劝服了赵武灵王。

这句话的意思是：愚笨人的做法往往如此，这件事明摆着可以办，甚至已经办成了，但自己仍不知道；而聪明的人做事方法是这个事还没成功但知道方向正确，笃定目标，坚持做下去，就一定会强大起来。

海尔集团的发展壮大一个很重要的原因是海尔强烈的民族情结。在海尔创业初期，张瑞敏就立志要做中国人自己的世界名牌。当海尔已经站在世界白电第一强的巅峰时，他又在思索：传统经济时代，美国福特模式、日本丰田模式、德国的精密制造是代表了世界最高水平的管理模式，中国企业也可以在管理模式上引领全球。

中国上下五千年的文明积累了足以支撑引领世界先进管理模式的哲学基础和思想底蕴，因此，张瑞敏向古人借智慧，向世界借智慧，他的最新梦想就是要把人单合一模式做成全球物联网时代的企业管理模式的新基准。

第四章 | 人单合一的体系和工具

导 读

人单合一模式经历了四次迭代和升级，它所迭代和优化的多为方法和工具，例如宙斯模型，在人单合一1.0阶段和2.0阶段称为战略损益表，而在3.0阶段和4.0阶段升级为共赢增值表（本书也称为战略损益表2.0）。但不论哪种表述方式，其底层的逻辑没有变化，也就是方法论没有变化，只是具体的方法发生了变化。

本书介绍的是人单合一最新版本的管理模式（截至2021年9月底），也就是人单合一4.0版本，里面的内容由前三个阶段迭代而来。为了便于读者理解和学习，我把人单合一每个阶段出现的工具都做了介绍，尤其是宙斯模型，尽管它被迭代了，但它的演变过程是人单合一体系逐渐完善的过程，需要详细阐述。

人单合一前三个阶段的方法和工具也力求全部涉及并解释到位，但由于篇幅所限和海尔实践过程中的迭代，兼之海尔人单合一模式也是不断探索的过程，其工具和方法经过实践验证也有舍弃。因此，本书主要篇幅聚焦4.0阶段的最新工具和方法。

现代自组织理论认为：组织在宏观层面无序无律，但是在微观层面却有序有律。宏观层面由于环境的多变，用户需求的个性化，交付的过程由不同的生态伙伴组成，因此外观者看到的是无序无律；但内部的中后台，必须有序有律，以支撑表面看来纷杂的前台在无序的状态下运行有序。例如：海尔内部的链群组织，共同面对用户，在同一个目标和时间维度上秩序井然，组织有序。

　　这就是大多数企业管理者和学者在学习人单合一过程中遇到的困惑，表面上看人单合一是非常复杂的，节点众多，小微涌现，链群自建，彼此滋生。在这个复杂的活动和行为中，既有自创生，又有共进化。原因就在于人单合一是基于企业是动态的假设而建的动态的网络生态组织，它有别于基于企业是静态假设的科层组织。

　　人单合一在微观层面是逻辑严谨、有序有律的，就好比海尔建设"冰山之角"家电博览馆在告诉人们：你看到的海尔只是冰山一角，而冰山下的庞大体系你是看不到的。

　　为了更好地透视和学习海尔人单合一，我把人单合一"冰山之角"下的体系和支撑抽离出来，共总结为七大体系，逐一阐述，以飨在企业变革道路上持续砥砺前行的企业管理者和企业管理学者们。

第一节　人单合一七大体系概述

海尔人单合一的管理哲学体系和文化体系在前面已经阐述清楚，主要是"人是目的，有生于无""自以为非""诚信生态，共赢进化""自创生，共进化"等。

在具体执行层面，人单合一共分为七大体系：目标体系、组织体系、预算体系、财务体系、薪酬体系、关差体系和运营体系。

这七个体系是有先后顺序的，人单合一的运营原则必须先有目标体系，然后再有组织组建，其次是设计组织实现目标的路径，准备好需要的资源，也就是预算体系。

预算体系细分出的路径有了人、组织和资源的保障后，再有核算体系，包括财务体系和薪酬体系，同时薪酬体系通过预酬和实酬的对比，就倒逼出了关差体系。

最后的运营体系体现的是，海尔市场表现和内部运行逻辑的合一，从整体上再次透视高端品牌、场景品牌和生态品牌的运行逻辑，并说明涌现和裂变出新物种的逻辑。

图 4-1 体现出了人单合一七个体系及它们之间的基本关联。其中运营体

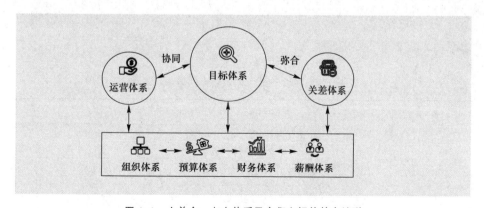

图 4-1　人单合一七大体系及它们之间的基本关联

系是宏观和微观的融合视角，而关差体系是人单合一最有特色的体系之一，它在人单合一的运营中即时和预期目标互动，通过预算体系、日清系统、共赢增值表和对赌协议等支持平台，即时关闭与预期目标的差距。因此它和目标之间是"即时弥合"的关系。

如果把七个体系归纳为二级目录，可以分为：战略体系、核算体系和经营体系（见图 4-2），图示体现了在体系上的归类、隶属或并列关系。

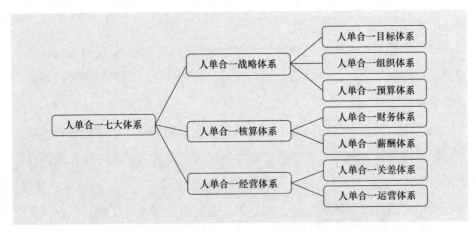

图 4-2　人单合一七大体系的归类、隶属或并列关系示意图

为了进一步说明七大体系包含的主要方法、工具等内容，表 4-1 列出了人单合一各体系所涉及的方法，工具等内容，这张表格也是后面七章内容的缩略图，是本书主要内容的集成。

表 4-1　人单合一七大体系包含的方法、工具

体系	分类	方法、工具
目标体系	战略体系	宙斯模型第一象限、二维点阵、生态目标、共赢增值表、创客所有制、对赌协议、顾客价值表
组织体系		链群及其分类和编号、链群的组建、链群的"斜微笑曲线"
预算体系		宙斯模型第三象限、三预机制、161预算体系、预实零差

续表

体系	分类	方法、工具
财务体系	核算体系	价值—战略会计体系、财务参与的"宏四微五"表、海尔管理会计与传统管理会计的比较
薪酬体系		宙斯模型的第四象限、链群的分配原则、海尔薪酬的五张表、单人酬薪酬组成、单人酬账户组成
关差体系	经营体系	宙斯模型的第四象限、链群即时关差的三张表、日清表的新设计方法、关差三步法和五部曲、链群的四色动态预警
运营体系		人单合一的战略地图、"三自"平台的驱动、"三生"体系蓝图

海尔管理大智慧：
体系观

　　体系观是海尔管理体系中的重要价值观。如果管理中出现了问题（从"果"的层面发现问题），海尔总是从体系上找根源，也就是"因"。只有在体系和流程上解决问题才能从根本上杜绝问题的发生。否则，问题解决只能"治标不治本"。

　　因此，在海尔的关差体系中，"清体系"法是最重要的方法之一。

第二节　海尔神奇的宙斯模型

宙斯模型是人单合一管理模式中的重要方法，它在人单合一的初期承担了战略损益的功能，是人单合一的"罗盘"。

可以这么理解：人单合一是黑海战略的管理基石，而宙斯模型是人单合一的基础。

传统企业运营需要财务的三张表：损益表、负债表和现金流量表，而海尔升级了传统的损益表，总结和归纳出了宙斯模型。

宙斯模型由四个象限组成，分别是交互用户、人力资源、预实零差、闭环优化四个方面，这四个方面既是经营过程也是结果评价。也就是说，这四个方面既是企业要关心的内容，也是要进行损益评估的内容。

交互用户：本质是与用户零距离；人力资源：每个员工都要具备企业家精神；预实零差：即同一目标下在时间维度上的承诺与流程；闭环优化：即与利益攸关方分享价值。用简图表示见图4-3。

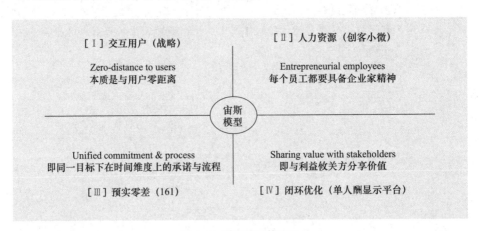

图4-3　宙斯模型简略图

宙斯模型四个象限的本质寓意用英文意译的第一个字母分别是 ZEUS，恰恰是"宙斯"英文的缩写。

第一象限：用户交互是指以交互用户的竞争力引领和网络价值的增值为战略目标。这个象限是设计人单合一目标体系的基础，它要求回答四个问题：我的用户是谁？我为用户创造的价值是什么？我能分享什么价值？我的经营战略预案和用户战略是否一致？

这个象限的战略目标的设计需要二维点阵表来设计，因此，第一象限是人单合一目标体系的设计出发象限。

第二象限：人力资源是指要建立和战略目标匹配的人力资源组织，包括链群、小微和创客的自主组织。人单合一管理模式下的企业的五个角色之间的互动，以及组建链群的四自原则等。第二象限是目标设计后的创客和组织保障，要求所有的创客必须具备企业家精神，也就是每个人都是主人翁。

第三象限：预实零差是指实现目标的流程，内容包括预算体系和关差体系。这个象限的本意是同一目标下在时间维度上的承诺和流程，也就是在某一时间节点上要达成的关键绩效要按照事先的承诺（预算目标）和实际绩效对比，显示出差距并关闭差距，做到预算和实际零差距。这个象限中的主要工具是161滚动预算方法和显差关差五步法等。

第四象限：闭环优化也是单人酬的显示平台，也就是成果分享环节。闭环优化是以用户价值的差距显示为导向的，也就是根据员工和利益攸关方的生态收入来显示整个流程出现的问题，并在第一个象限开始，从战略目标开始梳理，逐渐优化每一个环节。

第四象限的基本原则是用户付薪机制，而非按照职级分配。这就要求单人酬表、共赢增值表和日清表的显示功能，并需要构建管理会计体系提供数据支撑。

这四个象限在海尔被称为"目团机"透视体系。为了便于读者理解，第三象限聚焦的是预算流程，可以总结为"目团流机"。当然，流程也可以归结为机制，并不矛盾。

从逻辑上来看，如果所有的企业都按照这四个象限的内容一一梳理，将会在战略设计、目标设计、团队组建、流程优化、薪酬绩效等做立体的透视，能让一个企业管理者对自己的体系有更深入的理解。更为重要的是，神奇的宙斯模型不仅关注财务报表内的指标，更关注财务报表外的指标，对网络价值、用户交互、生态资源等原来没有考虑的指标全部融入企业透视数据中去。

因此，宙斯模型是海尔的战略损益表 1.0，后来的升级版本战略损益表 2.0 就是共赢增值表，也就是被美国管理会计协会 CEO 杰弗里·汤姆森强烈推荐为企业管理必须拥有的第四张表。

海尔的宙斯模型不断迭代，直到演进为战略损益表，共赢增值表，其演进和迭代的次数达到了 12 次之多。

为了做到本书内容的与时俱进，我把海尔原始版本的宙斯模型列出来，同时根据自己的研究把创新后我自己理解的宙斯模型也设计出来，供读者对照使用。

宙斯模型对照图见图 4-4 和图 4-5。

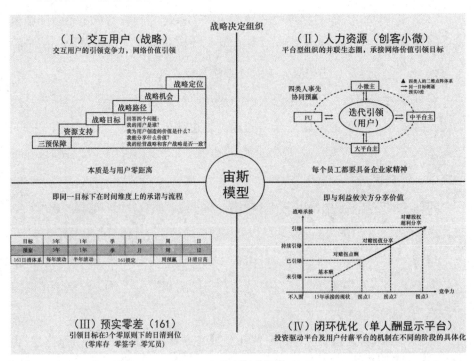

图 4-4　海尔版宙斯模型

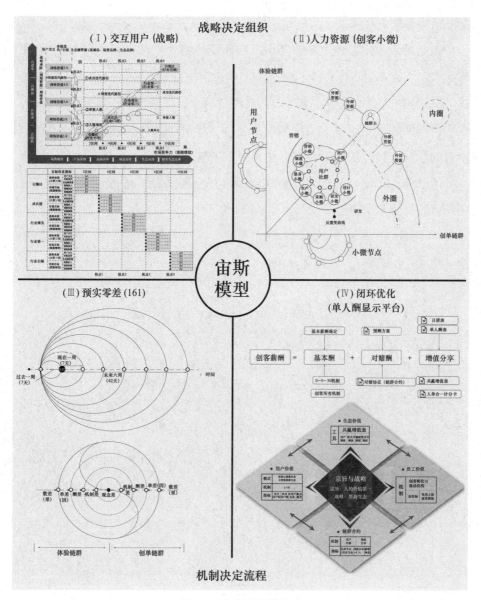

图 4-5 创新版宙斯模型

　　图 4-4 是海尔 2015 年 2 月发布的版本，这个版本因为简单且图示清晰，本文采用这个版本作为形象上的说明。图示中有实质内容和最新工具的版本

参考图 4-5 创新版本。

　　本书创新版宙斯模型融合了海尔最新的思路，包括共赢增值表、黑海战略和海尔版人单合一计分卡、生态版人单合一计分卡、人单合一战略地图（测试版）、链群合约等内容。这些内容显然在宙斯模型的使用初期还没有出现。后来，宙斯模型也进化为共赢增值表，但宙斯模型的内涵逻辑，以及其透视出来的"目团流机"的四个企业运营的主要内在逻辑和设计思路依然非常有效。

　　后面的七大体系的内容多是从宙斯模型分析而来，因此，宙斯模型在后面的章节将会多次提到。

第三节 海尔链群合约生态图

链群合约实质上是生态链小微群中大家共同遵守的契约，通过去中心化多方对赌契约的签订约定不同利益主体的小微及利益攸关方的权责关系。

链群合约是海尔建设生态品牌和生态平台的基本机制保障。例如：体验云是创生态品牌的基础，链群合约则是体验云的基础。

链群合约生态图是海尔进行人单合一链群实践的工具，链群合约生态图见图4-6。其基本内涵是：创单链群和体验链群在一致的目标（创造用户体验迭代）驱动下，两个链群不断融合共同形成一个满足用户场景体验需求的生态圈。

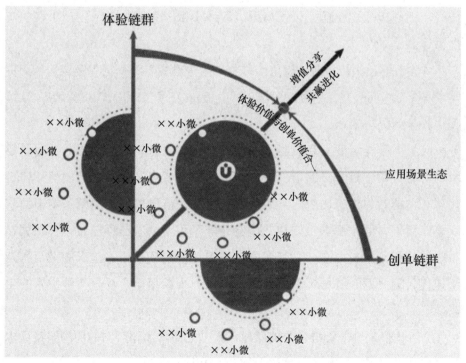

图4-6 链群合约生态图

（图示来源：海尔人单合一模式研究院官网）

在解读链群生态图前，先把链群的概念解释清楚。

链群即"生态链小微群"。小微是链群的基本单元，彼此间是独立的非线性并联关系。链群是开放的，全球一流资源均可参与；链群也是动态的，根据用户需求动态重构、迭代和升级。

在物联网时代，单个小微难以满足生态场景中所有用户的需求，小微之间必须以合约的方式建立起非线性的并联关系，链群也就成了满足用户需求的基本引爆单元组织（满足用户需求和体验迭代的基本单元）。

链群分为两类，分别是体验链群和创单链群。体验连群侧重于市场端，通过一些触点网络直接面向用户社群，与用户交互，得到用户新的体验升级的需求；创单链群负责具体落实，不断迭代用户解决方案去满足用户的体验需求。体验链群包括：用户小微、营销小微、渠道小微、服务小微等；而创单链群包括：研发小微、设计小微、采购小微、生产小微、车小微等。

体验链群和用户接触的网络点称为"用户触点"，而创单链群迭代用户需求解决方案的交互点称为"小微节点"，因此在海尔内部，也有"用户小微"和"节点小微"的说法。

两类小微群需要驱动机制来实现双方责权的合一，驱动机制（也就是合约）为：用户付薪下的增值分享和组建的"四自"原则（自增值和自进化就是链群合约生态图中的共赢进化，小微和链群的四自原则见本书第六章第二节），两个驱动机制使"体验链群"和"创单链群"合一，也就是体验价值和创单价值合一，其本质体现的是应用场景生态需求的满足和持续迭代，最终两个链群不断融合共同形成一个满足用户场景体验需求的生态圈。

为了更好地说明链群合约的原理，本书把海尔集团公布的原理示意版本的链群合约生态图列出来供大家对照学习（见图4-7）。

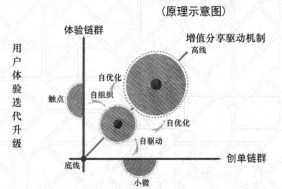

链群纵横生态图（V1.0）
（原理示意图）

用户体验迭代升级

体验链群

触点

自优化
自组织

自优化

自驱动

小微

增值分享驱动机制
高线

底线

创单链群

二大要点

❶ 由两个链群创出一个生态系统。并使自组织在创用户体验升级中自我进化。因其追求的目标是社群经济、体验经济、共享经济。

❷ 驱动机制是增值分享，可使生态系统不断优化，生生不息，创出边际收益递增。

图 4-7　人单合一链群合约生态图（原理示意版）

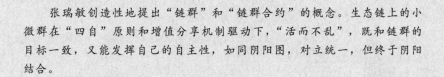

海尔管理大智慧：
统一性和自主性

　　张瑞敏创造性地提出"链群"和"链群合约"的概念。生态链上的小微群在"四自"原则和增值分享机制驱动下，"活而不乱"，既和链群的目标一致，又能发挥自己的自主性，如同阴阳图，对立统一，但终于阴阳结合。

第四节　海尔人单合一计分卡

人单合一计分卡是海尔集团为适应物联网时代的发展要求，从组织变革和生态成果两方面考评链群绩效的工具，是海尔转型的操作体系抓手和评价体系标准。它是以用户付薪为驱动机制，以颠覆传统组织形态和引爆用户体验为目标导向的实操工具。

人单合一计分卡在具体的实践中多次迭代，本书引用了海尔官方公布的三个版本的人单合一计分卡，对照分析并作解析。这三个版本分别为：黑海战略版本、生态版本和认证体系版本。

人单合一黑海战略版本的图示见图4-8。

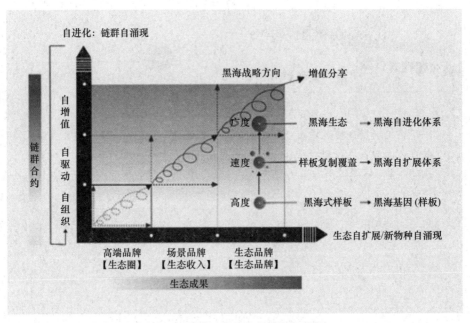

图4-8　人单合一计分卡（黑海战略版）

人单合一计分卡分为纵横两个维度和一个链接机制。纵轴四个刻度，分别是自组织、自驱动、自增值和自进化（"四自"原则）；横轴三个刻度，分别是高端品牌、场景品牌和生态品牌，横轴三个刻度分别对应 "三生成果" ——生态圈、生态收入、生态品牌；纵横轴之间靠一个增值分享机制有机链接并动态优化。从结构上来看，人单合一计分卡很像链群合约生态图的结构，链群合约是把小微分为了两个维度，而人单合一计分卡把生态成果和链群合约作为了两个维度。

　　人单合一计分卡的两个轴，纵轴是因，横轴是果。纵轴颠覆了传统的组织，在链群合约的驱动下，实现链群的自涌现；横轴颠覆了传统的市场成果界定，认为物联网时代的商业成果是生态的自扩展、物种的自涌现。目前生态成果的表现是上文提到的 "三生成果"。

　　人单合一计分卡，可以根据目前链群所在的市场位置通过纵轴和横轴的刻度来打分，评价链群构建的生态体系达到了什么样的生态标准，因此称为计分卡。人单合一计分卡（生态版）见图 4-9。

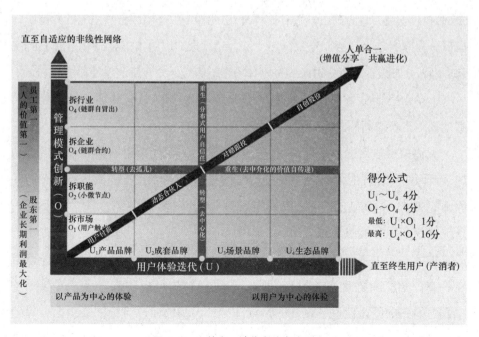

图 4-9　人单合一计分卡（生态版）

人单合一计分卡（生态版）把横轴的三个生态成果中的高端品牌拆分为产品品牌和成套品牌，这样横轴就有了四个刻度，这样划分更符合目前转型中的企业；纵轴的"四自"原则也分成了四个刻度：拆市场、拆职能、拆企业和拆行业，代表着链群的四个进化阶段。

第一阶段是拆市场，企业需要将传统的市场部门拆分成小微，建立用户触点，迅速接收用户需求并作出反应；第二阶段是拆职能，将传统的支持部门转变成共享平台，为小微提供赋能支持服务，把决策权、用人权和分配权也下放到小微，为小微赋能；第三阶段是拆企业，企业成为开放的无边界的企业，各个小微与内外部生态攸关方并联形成链群，在链群合约的驱动下为用户场景提供一整套解决方案；第四阶段是拆行业，企业与各行业的生态方并联，形成雨林生态系统，不断自涌现新的物种。

横轴四个刻度和纵轴四个刻度可以对照起来，横轴的指标代号为 U，纵轴的指标代号为 O，U 按照横轴四个刻度分别为 U_1 ~ U_4，而 O 按照纵轴的四个刻度分别为 O_1 ~ O_4，计分的公式为：$U \times O$，由此得出生态圈或者体系的计分情况，最低分为 $U_1 \times O_1 = 1$ 分，最高分 $U_4 \times O_4 = 16$ 分。按照本书第三章第五节的生态矩阵划分方法，最高分对应的是雨林场景，而最低分对应的是沙漠场景。

人单合一计分卡中有三个轴，人单合一计分卡（认证体系）版本能够清楚地说明三者之间的关系，见图 4-10。

纵轴和横轴靠增值分享有机联系。纵轴的组织变革是由创客和小微推动的（可以简单理解为人单合一中的"人"），以链群合约的方式进行"四自"原则的演进，是横轴的路径；横轴的生态成果是创客的"单"，是引领目标，是纵轴的前提；相交轴是人单合一中的"合一"，推动了薪酬变革，由传统的岗位酬、年功序列酬转变为增值分享，只有为用户创造高增值，才能获得高分享。相交轴是对横轴的正反馈，促进横轴的目标动态升级，对纵轴的"人"的正向反馈促进了纵轴的持续迭代；而横轴通过目标的吸引力、纵轴通过成果的升级使相交轴实现高增值和高分享。

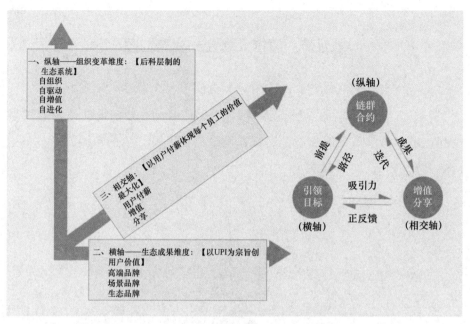

图 4-10　人单合一计分卡（认证体系版）

　　纵轴和横轴是因果关系，相互对照能够暴露链群的问题，使链群不断调整和反思。如果横轴没有做到生态品牌，一定是纵轴的机制出了问题，就必须搞清楚是机制本身出了问题还是机制在链群运营过程中没有践行到位。因而人单合一计分卡能够作为一个战略指引工具指导员工不断创新和变革。

第五节　海尔人单合一战略地图

　　人单合一战略地图是人单合一管理模式的重要战略指导与管理工具。

　　人单合一战略地图是基于人单合一模式商业生态系统理论及实践形成的，是为海尔首创的生态型组织提供战略推进及评价的可操作工具（见图 4-11）。

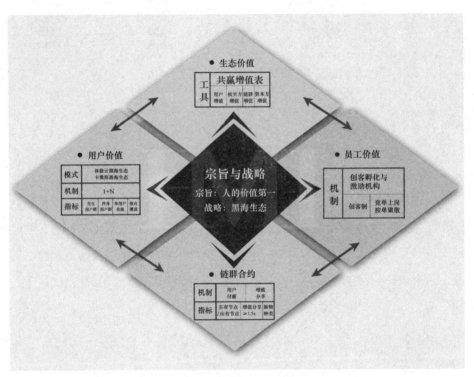

图 4-11　人单合一战略地图
（图示来源：海尔人单合一模式研究院官网）

　　人单合一战略地图围绕组织的宗旨与生态战略，从用户价值、组织生态（链群合约）、员工价值、生态价值四个维度落地，体现了生态战略起点（用户）、承载主体（人）、生态价值评估间的互相衔接、相互关联的关系。

人单合一战略地图以"人的价值第一"为宗旨，以黑海生态为战略方向。与传统的战略管理工具不同，它不以股东价值第一，而是以人（含利益攸关方）的价值第一为出发点。

为了解释战略地图的内涵和使用方法，本书整理了表 4-2 来解释说明。

表 4-2　人单合一战略地图四个维度释义表

维度	评价指标	方法工具
用户价值	模式	体验云黑海生态、卡奥斯黑海生态
	机制	1+N
	指标	交互用户数、终生用户数、单用户价值、触点覆盖
链群合约	机制	用户付薪，增值分享
	指标	实有节点/应有节点，增值分享≥1.5X，新物种类
员工价值	机制	创客孵化与激励机制（创客制度，竞单上岗，按单聚散）
生态价值	工具	共赢增值表（用户增值、攸关方增值、链群增值、资本方增值）

从表 4-2 不难看出，人单合一战略地图是人单合一经营过程中的机制、方法、工具和评价指标的集大成者，是链群经营过程中的战略方向和工具的地图引导者，它犹如一个武器装备库。表格中主要包含了四个维度：用户价值、链群合约、员工价值和生态价值。

用户价值：如何满足用户持续迭代的个性化体验需求，人单合一建立从模式到机制的支撑体系，并细化为具体的衡量指标。

链群合约：链群合约作为人单合一在物联网时代的可操作体系，以用户付薪和增值分享为机制，通过节点数、增值分享底线等指标指导自进化的链群生态的构建。

员工价值：激发员工活力，实现创造价值与分享价值合一。人单合一模式形成了创客孵化和创客激励与约束机制（创客制），搭建了人人都有机会成为 CEO 的平台。

生态价值：生态组织为用户、攸关方、链群、资本市场等各方创造的价值。不同于传统损益表简单的收入减成本和费用，共赢增值表体现了生态组织中各方共创共享的关系，体现边际收益递增，被认为是每个企业都要拥有的"第四张表"。共赢增值表的解读见本书第五章第五节的内容。

海尔管理大智慧：一动不动的士兵

　　海尔避免教条主义的做法就是以战略地图的方式来颠覆传统管理的机制、方法和评价工具，生动地表明情况的变化，避免"一动不动的士兵"这种滑稽现象的出现。

第六节 管理透视之酒神和日神精神

酒神精神和日神精神是张瑞敏希望海尔所有的创客都具备的，从而达到创客自主性和链群统一性的合一。

尼采在《悲剧的诞生》一书中提出酒神精神和日神精神。他认为：酒神精神永远自我毁灭又自我重生，在现实中求超越，而非只是日神精神的秩序和理性。酒神精神和日神精神的对立统一，使世界变得跌宕起伏而又五彩缤纷。

从人单合一计分卡到人单合一战略地图，再到链群合约生态图，二维矩阵中的链群、小微、创客和用户价值、生态价值等都包含了颠覆和再造、破坏与建设、拆掉与弥合、人单与合一的对立和统一。这种否定之否定的逻辑构成了人单合一的底层哲学逻辑。

在物联网时代，复杂、模糊和不确定性是时代发展的特征，你无法改变这种趋势，只有适应趋势。

宏观的混沌和微观的秩序，使人单合一管理模式成为适合物联时代的新管理基准，而这种基准也如同变幻莫测的时代特征一样易变、模糊，因此注定了这种模式的不断迭代和进化。

第五章 ▎人单合一的目标体系

导 读

人单合一管理模式的目标体系是引领体系，只有目标正确、明确、准确，后面的组织体系和预算体系等才能精准和符合目标的基本要求。

美国经济学家罗伯特·戈登的名著《美国增长的起落》中有一个结论：第三次工业革命全要素平均增长率只有第二次工业革命的 $1/3$。这个变化主要是因为第二次工业革命有很多新发明的产品作为增长的引擎，如电器、电子产品、汽车、高速公路、飞机等，但是以互联网技术为驱动的第三次工业革命没有这么多新发明的产品，所以全要素平均增长率就降下来了。

数字时代三大思想家之一乔治·吉尔德在《微观世界》说："所有的变化都集中在一个划时代的事件——物质的颠覆。"这种物质就是在以物联网技术为驱动的第四次工业革命中的微芯片，也就是传感器、RFID等，这些技术可以把所有的产品连接起来。

驱动第四次工业革命的不再是第二次工业革命的产品，也不仅仅是第三次工业革命的互联网技术，而是将单个产品从原来单纯的物理性结合通过物联网技术形成一个无缝体验、无界生态的网络节点，再与网络内的其他节点并联，产生更大的价值。

由此，海尔做出的物联网时代的判断是："产品将被场景替代，行业将被生态覆盖。"这个判断，决定了海尔目标体系设计的逻辑和方法。

第一节 海尔宙斯模型第一象限

本书第四章第二节介绍的宙斯模型第一象限就是海尔物联网时代的战略目标设计环节。这个环节的逻辑是用户交互。它是指以交互用户的竞争力引领和网络价值的增值为战略目标。这个象限要求回答四个问题：我的用户是谁？我为用户创造的价值是什么？我能分享什么价值？我的经营战略预案和用户战略是否一致？第一象限是人单合一目标体系的设计出发象限，见图5-1。

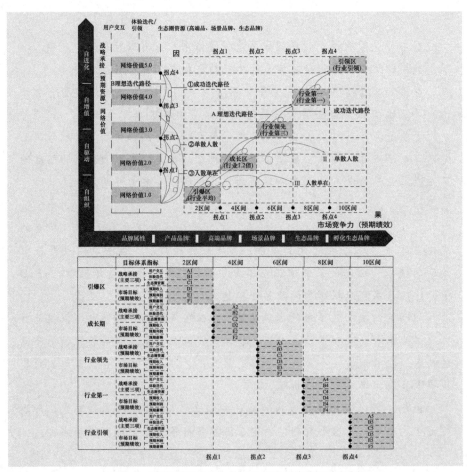

图5-1 宙斯模型的第一象限为战略目标的设计象限

要回答这四个问题就必须了解品牌经济发展经历的三个阶段：以产品品牌为主的产品经济，以平台品牌为主的服务经济，以及海尔所推崇并实施的以生态品牌为主的体验经济。

产品经济已经是红海市场，只做一个产品或系列，很容易互相复制，最终只能打价格战。服务经济以亚马逊、淘宝等为代表，它们以为产品提供平台为主，比起产品经济还有一定发展潜力空间。但是真正的黑海战略是要做体验经济的生态品牌，因为创造用户需求和体验不是一个产品或者一个企业可以满足的，需要一个由不同产品、不同企业、不同行业共同组建的生态系统。

生态系统是开放的和动态的，企业不能沿用原来的方法，企业要从原始的"静态"地思考问题变成"动态"地思考问题。原来一个企业的战略目标要做"五年规划"或"三年规划"，然后根据规划一步一步走，这已经无法适应物联网时代。

同时，企业的目标不再是线性的概念，而是基于用户驱动的"价值生态"概念，因此企业的目标变成了"生态目标"。

战略目标的设计可以用二维点阵表来设计，具体设计方法见本章第三节。

第二节　海尔独特的生态目标

为适应变幻莫测的时代特征和物联网时代的发展要求，海尔的战略目标调整为"生态目标"，简单来说就是生态成果和组织成果的合一。

结合人单合一计分卡、链群合约生态图、人单合一战略地图和宙斯模型的第一象限的用户交互视角的逻辑，海尔的战略目标可以简单总结为四个维度：用户价值、链群合约、员工价值和生态价值。这些目标都是生态目标。

用户价值：主要为四个目标值，分别是交互用户数、终生用户数、单用户价值、触点覆盖。

链群合约：主要的指标是小微节点数、生态资源圈、增值分享底线等。

员工价值：是指员工的增值分享、对赌酬等。

生态价值：是指生态组织为用户、攸关方、链群、资本市场等各方创造的价值，可以在共赢增值表中体现。不同于传统损益表简单的收入减成本和费用，共赢增值表体现了生态组织中各方共创共享的关系，体现边际收益递增。

生态目标在共赢增值表、顾客价值表等都有所体现，但在人单合一战略地图中的体现是最全面的。

第三节　海尔目标设计：二维点阵表

海尔的战略目标，也就是我们界定的生态目标的设计工具是二维点阵表，这个表也称为二元企业表。

二维点阵表是由一个纵轴和一个横轴组成的象限，横轴和纵轴纵横网格，锁定高目标、高增值和高分享的生态区域。二维点阵顾名思义，代表目标是二维的，点阵是指目标到一定程度就会引爆市场，这个引爆的临界点（其实是有数个指标组合而成，是生态目标的概念）就被称为"拐点"。维度、点和区域形成了阵列组合，因此形象地称为"二维点阵"。

横轴代表的是市场竞争力维度，直接反映市场经营的效果或竞争力位次，体现为收入、利润、平台交易额、市值等指标；而纵轴代表的是战略承接维度，也称为网络价值（基于用户交互思维），反映的是实现市场竞争力的战略驱动因素，以及实现横轴市场竞争力的迭代路径。

二维点阵表的使用方法具体模式见图5-2。

在使用二维点阵表设计指标前，必须先界定清楚三个原则：第一个是目标设计不是从上到下的过程，而是从下到上；第二个是横轴有竞争力的市场目标不光是一个财务数据，它有两个维度，除了传统财务指标外，还有预酬的数据。横轴是果（生态成果），而纵轴是因，同时也是战略目标的重要组成部分，即便是你的横轴很好，但是纵轴的网络价值很低，说明横轴的生态成果不可持续，甚至不是生态的；第三个是横轴目标和纵轴目标必须合一，才能做到用户价值和网络价值的合一。

链群在设计目标时应该提前锁定一个场景（细分的行业），例如，雷神锁定的是游戏笔记本电脑，小帅影院聚焦的是可以躺着看电视或电影的智慧家电，酒知道关注的是酒店交互酒柜，云裳链群开始关注的是无褶无菌的洗晾穿搭场景等。

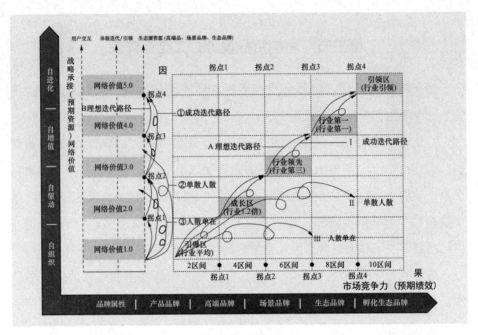

图 5-2　二维点阵表的使用方法（A）

有了界定清晰的行业范围，就可以设计目标了，先来分析横轴的目标设定。

在这个锁定的行业里，把市场竞争力分为 2 区间、4 区间、6 区间、8 区间和 10 区间，分别代表平均水平、行业 1.2 倍水平、行业领先、行业第一和行业引领。

这五个区位的细分指标为预期收入、预期利润、预期薪酬、市场占有率、市值、首位度等。预期收入包括产品收入，服务收入和生态收入等，这些指标是可以用传统财务的核算体系核算出来的，在共赢增值表中这些指标基本都能准确核算清楚。

为了方便说明横轴代表的目标设计的逻辑和方法，我把横轴的目标指标简化为三项，分别为预期收入、预期利润和预期薪酬。每个区位里至少要有这三项指标，综合说明这些指标组合究竟处于行业的什么水准。

因此，横轴的目标不等于原来的传统财务指标加上市场指标，而是在开放的市场里把第一竞争力的目标区域先锁住。这样做的目的是为了"举高单""引高人"。

再来分析纵轴的目标设计过程。

纵轴是承接指标，也就是过程指标、软指标，其实是海尔针对物联网市场变化设计的生态目标。海尔称之为"网络价值"指标，它主要包括三个方面的内容：交互用户、产品或体验迭代和生态圈资源。其实海尔在实践过程中网络价值目标还有很多，例如生态样板的建立数、生态覆盖率、黑海自进化体系建设等。

这三个指标有别于传统的目标。用户交互包括：单用户价值、社群数量及转化率、终身用户等；产品或体验迭代包括交互平台能力、交付方案的能力和迭代模式（例如体验云是 1+N 模式）等；生态圈资源包括高端品牌、场景品牌和生态品牌。

为了便于解释清楚纵轴代表的目标设计的逻辑和方法，我把纵轴的目标指标简化为三项，分别为交互用户、产品或体验迭代和生态圈资源。

在图 5-2 中，纵轴的网络 1.0 到网络 4.0 分别代表不同层次的网络价值区域，在单维度上（例如纵轴）链群和小微也可以实现增值，例如三翼鸟交互用户中的单用户价值突破了 31 万；在单维度（例如横轴）链群和小微也可以实现升级，例如某小微的生态收入突破 600 万，首位度达到了 1.5。

二维点阵的设计原理和初衷是横轴和纵轴必须合一才能实现可持续的发展，并能持续引领行业，也就是图 5-2 所示意的中间螺旋迭代的路径。但不是所有的小微和链群都能成功，在纵轴的标号②～③中就是迭代失败的案例，只有①是迭代成功的案例；而在斜轴的Ⅱ～Ⅲ也是迭代失败案例，只有Ⅰ是迭代成功的案例。图示中的 A 理想迭代路径和 B 理想迭代路径分别是横纵轴理论上的稳健迭代升级路径。

那么，二维点阵的细分指标该如何纵横匹配、达到引爆并升级到一个更高水准的领域呢？见图 5-3。

目标体系指标			2区间	4区间	6区间	8区间	10区间
引爆区	战略承接（主要三项）	用户交互	A1				
		体验迭代	B1				
		生态圈资源	C1				
	市场目标（预期绩效）	预期收入	D1				
		预期利润	E1				
		预期薪酬	F1				
成长期	战略承接（主要三项）	用户交互		A2			
		体验迭代		B2			
		生态圈资源		C2			
	市场目标（预期绩效）	预期收入		D2			
		预期利润		E2			
		预期薪酬		F2			
行业领先	战略承接（预期绩效）	用户交互			A3		
		体验迭代			B3		
		生态圈资源			C3		
	市场目标（预期绩效）	预期收入			D3		
		预期利润			E3		
		预期薪酬			F3		
行业第一	战略承接（主要三项）	用户交互				A4	
		体验迭代				B4	
		生态圈资源				C4	
	市场目标（预期绩效）	预期收入				D4	
		预期利润				E4	
		预期薪酬				F4	
行业引领	战略承接（主要三项）	用户交互					A5
		体验迭代					B5
		生态圈资源					C5
	市场目标（预期绩效）	预期收入					D5
		预期利润					E5
		预期薪酬					F5
			拐点1	拐点2	拐点3	拐点4	

图 5-3 二维点阵表的使用方法（B）

二维点阵中的"拐点"是价值效应的爆发点，进入此阶段后发展就进入一个良性循环，实现拐点称为"引爆"；"引领"代表用户的充分交互，代表用户价值新需求的实现，能够引导市场和用户，成为行业发展的领跑者。

其实，二维点阵中的"拐点"不是一个点，而是由几个指标组合而成的，也就是几个点，只不过，这几个点中只有一到三个主要指标而已，它们成了引爆参考的关键值。按照简化后的指标，纵轴和横轴都有三个目标指标，就形成了类似"拐点群"的组合，见图 5-3。

为了更好地展示出二维点阵设计目标的过程，我把图 5-2 与图 5-3 组合起来，读者就很容易看出区位和网络价值的对应，二维设计目标的逻辑见图 5-4。

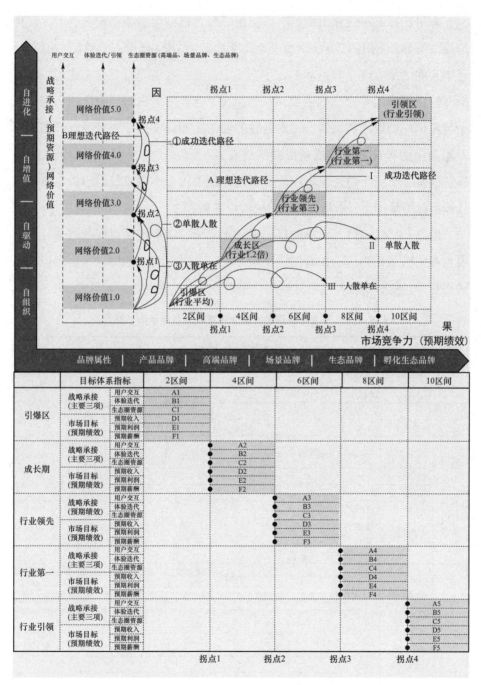

图 5-4 二维点阵表组合图

海尔在打造平台化组织和小微自组织后，目前组织内存在三类人（五种角色，见第二章第四节）：平台主 / 领域主、小微主 / 链群主和创客（员工），三类人的二维点阵是有差异的。平台主 / 领域主聚焦的是平台上成功小微数量、运行机制和平台层面的效果；小微主 / 链群主关注的是小微的运行情况和特定用户价值的实现情况，对纵轴的要求主要是做用户的资源、产品的引领和用户的最佳体验，横轴反映的是收入、利润、利润率、市场份额等指标；创客（员工）则是在用户价值实现过程中每个小微成员对小微主纵横轴具体目标的承接，三者都要通过对赌协议连接起来。

因此，二维点阵把纵横的目标细分出来后，就形成了目标承诺书，把所要对赌的区域和相应的指标固定下来（在某个时间节点的固定，因为目标是动态的，一段时间后，相应区域的目标竞争力会发生变化），见表 5-1。

表 5-1　二维点阵表确定的某区域竞争力目标承诺（样表）

一、小微成员基本信息					
BU/FU			小微类型		
小微编码			小微名称		
小微主			岗位名称		
员工编号			员工姓名		
二、申请类型					
申请类型		开始时间		结束时间	
我存在的价值	战略定位				
	战略机会				
	战略途径	①我的用户是谁			
		②我为用户创造的价值是什么			
		③我能分享什么价值			
二维点阵	企业价值	单	单目标	上市公司目标	同期	计算单位	单目标区位
	网络价值	单	单目标			计算单位	单目标区位

表 5-1 为样表，不同的小微和链群可以结合自身的承诺市场和目标来设计符合自己格式的目标承诺书，但二维点阵确定指标、分解指标的内在逻辑就是人单合一目标体系的底层逻辑：关注网络价值（含用户价值）和市场价值（含员工价值）的合一。

区域竞争力目标确定下来后，相应的对赌协议表中的主要指标也就设计出来了。

第四节　海尔目标细分的四张表

人单合一的目标设计和指标的细分是一个复杂的过程，它需要不同维度、不同视角的工具。同时，尽管目标是自发抢出来的，但是对于如何完成，小微必须有预算和预案。

接下来，我将介绍海尔人单合一的几个重要工具，它们都和人单合一组织中的目标有关系，也和最终的增值分享有关系。

一、对赌协议表

二维点阵把目标的设计网格化在一个有竞争力的区域内，按照图 5-2 和图 5-3 所区隔的区域，创客和小微锁定自己要挑战的区域，拿出预案，抢入这个区域已有的链群或者自建链群。

所做的预案中，要有对赌协议表，以实现链群合约中体验链群和创单链群的合一。

对赌是伴随海尔人单合一管理模式探索发展产生的一种机制。从 2009 年开始，海尔开始探索建立自主经营体机制，当时提出：经营体要与客户有对赌合同，即锁定第一竞争力，既满足客户的价值主张，又使企业盈利；经营体长和员工要敢对赌，共输赢。

在人单合一 4.0 阶段，对赌是员工承诺实现有第一竞争力的目标，平台主、小微主为创客提供事先算赢的资源，承诺流程、机制都到位，最终为用户创造价值。这是在满足用户需求的过程中，确保用户、企业、员工实现共赢的一种机制。

对赌机制的本质和内涵，简而言之就是为用户创造价值，为企业带来增值，员工实现自身价值体现。对赌本身是手段，其目标是驱动内部并联生态圈和外部用户体验生态圈的融合，是链群合约机制的保障措施之一。

对赌的实施是签订对赌协议表，样表见表 5-2。

表5-2 某小微对赌协议表（样表）

一、基础信息

BU/FU		小微类型		小微编码		小微名称	
小微主编号		小微主姓名		小微成员编号		小微成员姓名	

二、年度超市目标

对赌单领单的竞争力	二维点阵 横向—市场竞争力	年度对赌单	单位	同期	目标增幅	行业单键力	上市公司目标	二维点阵标准（ETE）					
								2区间	4区间	6区间	8区间	10区间	
	单1												
	单2												
	…												
二维点阵 纵向—网络价值引领	年度对赌单	单位	同期					二维点阵标准（ETE）					
								2区间	4区间	6区间	8区间	10区间	
	单3												
	单4												
	…												

三、小微对赌拐点目标

小微对赌拐点目标信息

小微对赌拐点契约

拐点	预期达成时间
拐点1	20××年×月
拐点2	20××年×月
…	…

以雷神小微为例，他们以4区位（行业平均的1.2倍）为起始点，通过二维点阵的方法设计出8区位（行业第一），区位的横轴指标三项：收入，利润和利润率；纵轴指标是硬件、软件和周边游戏的预售，也是三项指标。这样，4区位的竞争力起点是行业一般的软件＋硬件产品，而8区位的竞争力就是雷神游戏生态圈（平台级产品）。

对赌要有时间节点，他们把拐点设计在对赌后的8个月。对赌后，目标倒逼内部的各节点小微和用户小微无缝交流，并吸引某硬件供应商的抢入，还把某游戏联盟也并联到外部的生态圈，让体验持续模拟优化和迭代。最终，他们只用了不到7个月就拿到了拐点酬和对赌酬，每个创客都拿到了预酬方案中的用户增值分享。

二、创客所有制

创客所有制是创客合伙人激励与约束机制的简称，也称为"全员创客制"，是以"创客"为本的激励与约束机制。

被激励的创客合伙人，在达成目标并符合条件下，可以获受相应的"创客份额"或"创客股权"，其性质上不等同于法律意义上的"股份"，但根据海尔集团创客合伙人的相关规则获取相关权利、履行相应义务。

创客所有制是在不改变企业现有产权性质的基础上，顺应物联网时代的要求，为激发全员创新活力而设计的创新机制。它有三个特质：开放性、动态性和激励相容性。创客所有制的设计，充分释放了员工创业的积极性，是践行国家"双创"战略的创新实践，被业界称为"内部创业""孵化创业""裂变创业"的典范。

在这种机制下，企业内部的创业行为有以下三个特征：

第一，企业员工起点平等。在用户付薪机制驱动下，大家面临一样的战略目标——为用户创造价值，层级制度被颠覆，链群合约制度出现。

第二，运营过程动态可变。创客所有制中的整个过程可动态调整，以用户增值为基准，动态地进、出、升、降，避免了一旦拥有股份就失去创新动力的激励弊端，杜绝"一本万利"的投机主义。同时，还可以避免被激励对象的短视化倾向，"今天有用户价值可以分享，明天没有用户价值不可分享"，不能停留在昨日的功劳薄上。

第三，利益与分享同进退。创客所有制使企业与创客利益共享、风险共担。海尔创客制要求创客遵循对赌跟投的原则，如果跟投的企业出现亏损，优先用创客跟投部分抵损；如果跟投的企业实现超额利润，创客可享受超值分享。如果创客合伙人对企业造成损失，其拥有的创客份额、创客股权也将用于抵损。

创客所有制是人单合一在制定目标体系时的驱动机制，它使收益和风险统一，利益和责任统一。高目标有高回报，但高目标需要经营、管理和模式的同时提升和优化。

三、顾客价值表

顾客价值表是共赢增值表的过渡工具之一（其他的过渡工具还有宙斯模型／战略损益表），主要解决的是"吃大数"和"压货"问题。

"吃大数"是指只关注总体的出货额，但不分析货物究竟卖给了谁，没有体现用户价值。"压货"问题是传统管理模式下的企业"老大难"问题，表面看来产品是出库了，但是从一个仓库到了另外一个仓库，"躺"在分销商仓库里的货物根本没有形成顾客价值，在传统财务报表中，这些货物是销售出去的。当库存压得分销商不堪重负的时候，就被迫降价，价格战随之而来。市场的业绩以财务报表内的数据为聚焦点，而忽略了财务报表外的数据，如果管理者只是在一个"大数"上沾沾自喜，市场经营的危机就会悄然而至。

2016年5月，海尔集团日清会明确了以两表（顾客价值表与共赢增值表）切入，通过信息化日清倒逼平台主的单，从而驱动小微的目标预实零差。海尔三自共享平台以"顾客价值表"为工具，对小微从压货到顾客的转型进行显差关差，积极引导小微将"压货"思维转成"零售"思维，驱动小微直面用户，实现由"压货"向"顾客"的转型。

顾客价值表的目的是锁住内部的并联生态圈和外部的高价值定位，以此规避同质化的竞争。平台主只有通过机制驱动小微从传统损益表转型为顾客价值表，小微才会有从他驱进入到自驱的可能，也才会进入通过创建平台做大生态圈，形成社群经济模式。

顾客价值表主要包含四个一级指标内容，分别是：顾客价值、全流程节点预赢增值的并联对赌、顾客成本及费用。这四个一级指标下面又分为诸多小项目，以此来透视顾客价值创造的整个体系。顾客价值表见表 5-3。

表 5-3　顾客价值表

一、顾客价值	1. 零售量 / 增幅
	2. 市场占有率
	3. 转化的社群用户数
	4. 零售单价
	5. 顾客收入
	6. 建立顾客触点的成本
	7. 顾客净收入
	8. 交足利润额
	9. 利润率
	10. 预提风险金
	11. 列示："三高"（引领品牌：高价 / 高份额 / 高盈利）
二、全流程节点预赢增值的并联对赌	1. 用户小微主
	2. 设计节点
	3. 营销节点
	4. 制造节点
	5. 42 个商圈
	6. ……
三、顾客成本	1. 材料成本
	2. 供应链费用
	3. 库存损失
四、费用	1. 列示：跟投回报
	2. 压货政策
	3. 促销费

顾客价值：以零售模式取代传统压货模式，直面市场，并将顾客转化为用户，让顾客不再承受库存资金压力，而用户价值得以实现。

全流程节点预赢增值的并联对赌：按交足目标利润及风险金、扣减成本费用的超值对赌分享，考核对应节点的单及价值贡献，体现的是所有节点的利益保障。各维度的薪酬机制采用的是"0—0—30"机制（在本书第九章第四节会专门阐述）。

顾客成本：材料成本和供应链费用、库存损失。

费用：交足利润额、风险金及扣除成本后的可支配费用。

顾客价值表适用于所有自主核算、自主经营的产业及小微。

顾客价值表和传统损益表之间的区别比较，可以很清楚地分析出顾客价值表的使用方法和它解决的市场运营难题，见表5-4。

表5-4 顾客价值表与传统损益表的比较

维度	传统损益表	顾客价值表
销量界定	压货销量即最后的计算销售量，其实只是进入了分销商仓库	零售量是最后的销量，倒逼用户从一次交易顾客到持续交互和终生用户转型，形成社交生态圈
收入界定	压货的开票额	顾客交互的终端零售收入，关注转化的社群用户数
政策界定	以压货政策为主，压货越多，政策越好	以顾客价值为导向，看终端的用户价值增值，倒逼内部资源优化
利润界定	事后核算的利润，无法实现止损	按10%的利润空间倒逼内部的组织、流程和经营模式
流程界定	流程是串联的，各部门的目标不一致导致流程割裂	同一目标下的全流程事前并联对赌，预赢
成本界定	成本列支，不考虑最后的利润	采用0-0-30机制，事前并联对赌投入产出的成本
费用界定	各部门花各部门的，采用费用审批机制	全流程并联，先交30%对赌金，先挣后花，无利不花

顾客价值表适用于所有自主核算、自主经营的产业及小微，对日趋生态的市场行情，应该界定清楚交互用户的概念，并在流程和机制上以对赌机制和预留利润的方式，倒逼内部各环节的优化，并在最后的顾客价值增值中能得到对赌酬和增值分享。

顾客价值表是一个从产品经济向体验经济转型过程中的过渡工具，其最终目标是升级为共赢增值表。顾客价值表是产品经济在外部市场还未完全升级为生态的前提下的过渡方法，它为共赢增值表的设计做好了"支点"，以"撬动"生态价值运营模式的到来。

四、共赢增值表

海尔以人单合一管理模式为主脉络，积极探索应对物联网时代的财务显示工具，之前的宙斯模型、战略损益表和顾客价值表等，经过十几次的迭代，已经形成比较成熟的财务显示工具——共赢增值表。

共赢增值表从用户资源、资源方、生态平台价值总量、收入、成本、边际收益六大一级指标显示海尔生态财务状况，是海尔打造共创共赢、增值分享的二元生态企业的财务驱动方法，是海尔实现人单合一战略的主要战略工具。共赢增值表的六个要素及其细分项目见表5-5。

表 5-5　共赢增值表包含的六个要素及细分项目

序号	主要素	细分项目
要素1	用户资源	交易用户
		交互用户
		单用户价值贡献
		终身用户
要素2	资源方	交互资源方
		活跃资源方
要素3	生态平台价值总量	生态平台价值总量
		利润
		增值分享

续表

序号	主要素	细分项目
要素4	收入	收入
		传统收入
		生态收入
		单用户收入
要素5	成本	成本
		传统成本
		生态成本
		边际成本
要素6	边际收益	边际收益

迭代后的共赢增值表分别从用户资源、资源方、生态平台价值总量、收入、成本、边际收益六个要素评估验证小微的共创共赢模式。

第一个要素是用户资源。传统的企业报表中没有用户，只有产品和顾客，而增值表中有交易用户、交互用户、单用户价值贡献和终身用户，交易用户、交互用户和终身用户是逐渐升级的过程，终身用户是企业的最终追求。单用户价值贡献可以衡量出生态体系的竞争力，它从订单价值的角度解释了企业生态圈中的资源与用户资源增值的匹配度。

第二个要素是资源方。传统企业没有资源方，只有供应商。但供应商和企业的关系是只管压价，谁的价低就要谁的，但"资源方"是一起共创用户体验。这个要素包含了交互资源和活跃资源，后者是指能够参与共创用户价值的资源方。

第三个要素是生态平台价值总量，就是生态平台创造的生态收入总量，在共赢增值表中定义为利润和增值分享之和。比如烤鸭场景、阳台场景，其生态平台价值总量不只是产品收入而是生态收入，具体表现为利润和增值分享部分。

第四个要素是收入，包括传统收入、生态收入和单用户收入。

第五个要素是成本，包括传统成本、生态成本和边际成本。传统成本含原材料成本和费用等，具体指聚焦用户交互与体验的持续迭代，通过销售电器或网络器具，提供服务等经营业务所形成的成本。生态成本是生态平台持续迭代升级需要的资源成本，它的投入最终可以产生乘数级的市场收益增长。边际成本是共赢增值表中的一个特有的指标，是指传统成本加上生态成本后的成本总和，除以交易用户数量。

最后一个要素是边际收益，在人单合一模式下，共赢增值表中的边际收益定义为单用户收入减去边际成本，也就是每单为用户所创造的收益。

经济学有个颠扑不破的定律——边际收益递减。做产品，一开始一台能赚10元，后面就变成9元、8元……单台利润不断下降，这就是边际收益递减。只有扩大生产、扩大产量，利润总额才能上来，不过收益总有边界。但在海尔人单合一模式下，海尔构建的生态市场是边际收益递增的。比如海尔做烤鸭场景、阳台场景，不只是纳入了电冰箱、洗衣机等传统产品，电冰箱、洗衣机变成一个生态价值的载体，它外部链接到用户的具体场景，诸如洗、护、穿、搭、购，吸引生态合作伙伴融入物联网的体验平台，共同创造用户价值，从而可实现边际收益递增。

换句话来说就是边际收益中，分子中利润来源增长的趋势超过了分母中用户交易的数量的增长趋势，因此边际收益是递增的。这说明用户价值在良性优化，由此透视出企业生态体系的良性迭代趋势。

为了说明供应增值表中各细分项目的定义和内涵，并界定清楚各细分项目的计算公式及它们之间的计算关系，本书经过许可，摘录了由美国管理会计师协会、海尔集团和复旦大学管理学院共同研究的人单合一共赢增值表的释义表，它把海尔人单合一共赢增值表中的细分项目定义进行了详细的释义，并根据海尔的实践列出了细分项目的计算方法，见表5-6。

表5-6 共赢增值表细分项目定义及计算方法

项目		定义和计算
1. 用户资源	1.1 交易用户	在平台上有过交易的用户数量
	1.2 交互用户	在平台上购买过产品或服务后，持续参与交互的用户数量
	1.3 单用户价值贡献	衡量平台上单用户产生的价值贡献 （3.1.2 生态利润 +3.2 增值分享）/1.1 交易用户
	1.4 终身用户	持续参与平台交互，帮助平台持续迭代进而丰富社群生态的用户
2. 资源方	2.1 交互资源方	平台连接的所有资源方
	2.2 活跃资源方	能参与共创的资源方
3. 生态平台价值总量	生态平台价值总量	聚焦用户体验增值的各方共创共享实现的物联网生态圈的价值总量 3.1 利润 +3.2 增值分享
	3.1 利润	3.1.1 传统利润 +3.1.2 生态利润
	3.1.1 传统利润	4.1 传统收入 −5.1 传统成本
	3.1.2 生态利润	4.2 生态收入 −5.2 生态成本
	3.2 增值分享	
	3.2.1 链群分享	链群共创获得的价值分享
	3.2.2 支持平台	帮助链群实现价值创造和传递的支持平台获得的价值分享
	3.2.3 共创攸关方	各利益攸关方（包括资源方、用户以及外部资本方）在平台上获得的价值分享
	3.2.3.1 资源方分享	各合作资源方（即供应商或品牌合作商等）在平台上获得的价值分享
	3.2.3.2 用户分享	参与平台、产品、服务共创、设计的用户获得的价值分享
	3.2.3.3 资本分享	社会化资本方获得的价值分享 [可分享利润 +（期末估值 − 期初估值）] × 股权比例
4. 收入	收入	4.1 传统收入 +4.2 生态收入
	4.1 传统收入	聚焦用户交互与体验的持续迭代，通过销售电器或网络器具，提供服务等经营业务所形成的收入
	4.2 生态收入	聚焦物联网生态品牌的引领目标，小微与各合作方在社群生态平台上通过价值共创持续迭代所形成的收入
	4.3 单用户收入	（4.1 传统收入 +4.2 生态收入）/1.1 交易用户
5. 成本	成本	5.1 传统成本 +5.2 生态成本
	5.1 传统成本	聚焦用户交互与体验的持续迭代，通过销售电器或网络器具，提供服务等经营业务所形成的成本
	5.2 生态成本	平台持续迭代升级过程中的投入资源成本及服务成本
	5.3 边际成本	（5.1 传统成本 +5.2 生态成本）/1.1 交易用户 用户资源越多，边际成本越小
6. 边际收益	边际收益	4.3 单用户收入 −5.3 边际成本

海尔人单合一共赢增值表中细分项目较多，但并不复杂，非常便于小微和链群在经营管理中作为经营效果的测量工具使用，也是小微链群创造用户价值的评价工具。它既有刚性的财务指标，也有柔性的过程指标，既有即时指标，也有未来指标。

共赢增值表中各细分项目之间的逻辑关系见图 5-5。

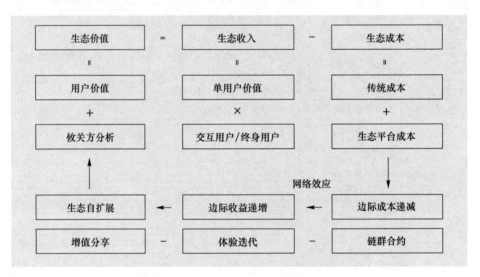

图 5-5　共赢增值表各指标之间的关系

图 5-5 除了反映出供应增值表各指标之间的关系外，还能说明共赢增值表中增值分享、体验迭代和链群合约的市场效果检验和核算方法，这些生态指标的财务核算方法与传统指标的核算方法不同，是物联网时代特色的财务工具。

美国管理会计协会的 CEO 杰弗里·汤姆森在看了共赢增值表的六个要素和运营逻辑后认为，所有创业公司和上市公司都应该有共赢增值表。

共赢增值表对传统财务报表的颠覆，本质上是人单合一对传统的经济学理论的颠覆。传统经济学规律是边际收益递减，共赢增值表可以实现边际收益递减。另外，传统企业只有交易顾客，而共赢增值表显示的是交互用户，并力求产生终身用户。

共赢增值表不仅能反映企业财务的状况，更能反映企业财务状况的原因；不仅能够指导企业内部员工创新创业，以事前算赢、事中日清和事后付薪的机制实现了用户和员工价值的合一，更发展了生态。通过加入利益攸关方，反应收入的来源和成本的去向；与利益攸关方相互关联，反映利益攸关方与企业关联的深度和广度。

五、一卡一表一品牌

海尔以人单合一管理变革模式下形成的三个资产管理工具被称为"一卡一表一品牌"。

"一卡"是人单合一计分卡，"一表"是共赢增值表，"一品牌"是一个生态品牌体系。

人单合一计分卡能够透视出组织、人、生态成果的运营情况，是物联网时代生态品牌企业的绩效评价工具；共赢增值表是物联网时代具有颠覆性的财务评价工具，可以评价用户价值、资源方等生态指标，被称为企业的第四张表，而海尔的生态品牌在黑海战略的实施推动下，将实现"场景替代产品，生态覆盖行业"的生态拓展。

第五节　共赢增值表驱动的"馨厨小微"

共赢价值表能使链群和小微在开始组建时就有正确的目标方向，聚焦六要素，协同资源方为用户创造最大的价值。

人单合一的目标体系是共赢增值表，人单合一计分卡等战略工具驱动并动态优化，用户价值和组织形式的迭代在许多小微里已经体现出来。例如智慧阳台场景，烤鸭场景、馨厨小微生态圈等。

馨厨小微的成功，得益于其人单合一目标体系的健全，共赢价值表驱动了馨厨小微对用户体验的 300 多次迭代。

海尔馨厨小微首创了全球第一代互联网冰箱，除了具备一台传统冰箱的功能外，借助一块触摸屏，成为互联网的入口，连接电商、娱乐、菜谱等功能，成为厨房场景下的生态系统。在这一过程中，馨厨冰箱实现了从单纯销售硬件产品到提供用户流量入口的转变。

在产品研发伊始，馨厨小微就同用户交互、融合起来，整合微信、App、微博、QQ 群、社区等渠道，搭建馨厨通馨粉部落群，围绕美食健康兴趣社区、售后服务、用户调研、产品说明、线上线下同城活动、产品使用问题、迭代研发等内容与用户进行实时互动沟通。

为了给用户带去最完美的体验，馨厨的软件系统从 2015 年 6 月研发一直到上市，迭代的次数超过 300 次，最多的时候一天迭代次数达到 3 次。对传统冰箱而言，这样的迭代速度是不可想象的，但对于馨厨这一类的互联网冰箱来说，这样的迭代速度再正常不过了。

在馨厨冰箱与用户见面后的第五天，馨厨冰箱就获得了一笔第三方付费的收入——一位北京用户通过馨厨冰箱上的电商平台购买了一袋大米。通过大数据监测，馨厨用户每天每户家庭的终端交互次数在 20～30 次左右，周活跃度为 70.6%，高于行业均值 7 倍，月活跃度为 94.4%，高于行业 4 倍；另外，馨厨单一电商下单率 0.7%，高于电商行业一流平台下单率。

目前，馨厨生态圈已吸引了中粮、欣和、金龙鱼、古井贡、雪花、统

一、加多宝、也买酒、蒙牛、蜻蜓FM、爱奇艺、豆果美食、苏宁易购、星艺、可益康、五谷道场、知蜂堂、久久丫、田园会、赣南脐橙等27家资源方入驻馨厨App，他们看重的正是馨厨和用户的强互动性，这能为他们带来增值。

馨厨小微推出的电商平台——闪电购，用户可以很方便地在馨厨屏幕上进行生活用品的购买。馨厨智能的场景化电商可自动提醒用户需购买何种产品，用户不需登录即可直接购买；聚焦高频消费，在生鲜、生活用品等产品上提供专业化的便捷体验；比传统电商更加便捷，用户可实现一键购买，做到真正的"闪电购"；考虑到未来无感支付等诚信平台的打造，建立以诚信为竞争力的电商平台。

正是因为共赢增值表的驱动，馨厨从一开始就没有走卖产品的老路，而是向获取用户资源、吸引攸关方共创、满足用户最佳体验、实现整个生态圈共创共赢的新路走。就像互联网带来的商业模式颠覆才刚刚开始一样，馨厨的共赢增值颠覆也才刚刚开始。

在共赢增值表的驱动下，海尔生态平台体系上涌现出一大批场景链群，例如："一键烤鸭"食联网链群、自清洁空调链群、全国各地的量子小店等。

第六节　管理透视之庄子和孟子的"忠告合一"

从二维点阵表、人单合一计分卡和共赢增值表中的指标设计和考核来看，不是所有的链群和小微都能达到预期的目标。按照对赌机制和链群合约，不能在约定的节点时间达到用户增值的链群要自动解散，也就是海尔的"单散人散"。

当链群或创客小微的生态价值没有达到预期，如何"关闭差距"呢？本书第十章将专门阐述。而在出现差距后，小微创客对差距产生的原因怎么看，对于寻找差距的原因有很大的影响。

人单合一模式下，链群和小微的"四自"原则决定了动机上的自主，但是能不能做到，和组织契合、创客之间的无缝交流和即时衔接有很大的关联。

在人单合一模式下，解决问题的方式不再是小微主"自以为是"的"自话自说"，而是激发创客自己找问题、自己解决问题的文化氛围。

西班牙著名作家巴尔塔莎·葛拉西安的《智慧书》里有一句话："当今世界对付某一个人所花的精力物力要比过去对付整个民族所花的精力物力还要大。"

巴尔塔莎·葛拉西安观点与庄子的"虽有至知，万人谋之"不谋而合。庄子的这句话的本意是：你即便是世界最聪明的人，也需要群策群力，尽人之智。而如果换成葛拉西安的"语调"就是：你觉得自己很聪明，但是你聪明不过一万个人。

而对于一个具体的创客和小微来说，孟子的忠告更容易让自己找到差距的根本原因，进而转变思路和方法，早日融入物联网。

孟子说："发而不中，反求诸己。"意思是你射箭没有射中靶子，你别抱怨风太大，靶子是移动的，而要反思自己的问题。

如果创客信孟子，小微主和链群主信庄子，大家"自谋"和"共谋"用户价值，就做到了思维合一。

第六章 | 人单合一的组织体系

导 读

人单合一模式是基于组织变革的管理模式，在本书前五章的内容阐述中，以组织变革为导向的网络节点分布式组织的构建和运营是主要脉络。

人单合一的组织体系是承接目标体系的组织平台及其运营机制。组织体系中的组织形态是小微、链群，其内部的单元是创客、小微，人单合一模式下的组织组建原则是"四自"原则。

根据与用户的交互过程和流程不同，链群分为体验链群和创单链群，链群用图示表示出来是生态融合、共创用户和企业价值，而如果放在宙斯模型中，其组织模式很像一个"反微笑曲线"。

2021年1月14日，量子管理理论创始人丹娜·左哈尔与量子管理实践引领者张瑞敏进行了一场深刻的思想者对话。丹娜·左哈尔认为：人单合一中的创客犹如"量子自我"，创客既拥有个体的身份和潜力，同时又与组织中的其他个体和环境相互作用，扩大其潜力。和"量子自我"的特质特别相似，小微组织中的"个体"是动态变化的。

海尔实施人单合一模式，打破了科层组织，重建了4000多个小微团队，各个小微团队释放自我潜能，在追求目标的同时，与环境中的其他小微及生态伙伴建立链群关系并不断重塑自我。

第一节　海尔宙斯模型第二象限

本书在第四章第二节介绍的宙斯模型第二象限聚焦的是人力资源，其本质是让每一个人都具备企业家精神，也就是把员工变为小微或者链群里的创客。

人力资源重塑的主要任务是在传统家电制造的母体中，以颠覆自我和否定自我的精神培育出带有互联网基因的"卵"，以便生长出适合自己的"物联网生态平台模式"。

战略管理大师迈克尔·波特认为：战略不是一个数字，也不是一个口号。比如，要成为行业的第一，这不是战略；要实现 1000 亿元收入，也不是战略。如果缺少实现的路径和方法，这些只能是"口号"而非"战略"。

成为第一和实现 1000 亿元收入的路径才是战略。战略包括模式、路径、运营方式等，而这些要素背后的驱动，一定是人以及人力资源体系。也就是宙斯模型的第二象限，见图 6-1。

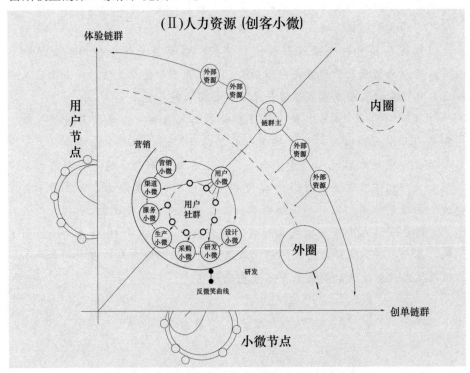

图 6-1　宙斯模型的第二象限为链群创客的组织象限

第二节　海尔链群组建四原则

关于创客如何从科层制的金字塔里走出来，成为自主人主动组建小微公司，在前面有详细的介绍。

查克·马丁在其著作《决胜移动终端》中提出了"决胜移动终端"观点，其本质就是：消费者拥有指尖上的权力，手指在智慧终端的触摸屏上点到谁就选择谁。查克·马丁说物联网时代的消费者"不是去购物，而是在购物"。

为响应这种快节奏、碎片化的需求，海尔人单合一的模式把内部的组织变为敏捷组织，把企业内部的科层组织颠覆为小微和链群，并联各节点成生态圈，后来升级为生态平台。海尔把这种生态平台称为内圈，其生态组织的建设和迭代升级主要靠创单链群自运营来实现。

海尔基于内圈的概念提出了外圈的理论，即用户的全流程最佳体验。这个全流程体验不仅包括从设计一直到最后用户体验场景解决方案形成的过程，还包括对这个场景方案不满而转化为下一个迭代周期的过程，周而复始不断进化。外圈也是一个生态体系，主要靠的是体验链群来实现。

内圈和外圈融合在一起形成的生态体系就是人单合一的组织体系，它的驱动机制是链群合约。内外圈融合而成的组织体系特色是组织呈节点网络分布式，去中心、去中介、零距离、网络化。

人单合一的节点网络分布式生态组织区别于传统组织的最大特点是开放。这种开放包括对内部创客的开放，也包括对外部有预案和资源的创客的开放；开放对象也包括外部资源方，也就是生态合作伙伴的抢入和加盟。

人单合一生态组织的主要形态是链群和小微，链群的组建和小微一样，也遵循"四自"原则，即自组织、自驱动、自增值和自迭代。

第一个原则：自组织。自组织是链群成立的基础，体现的是与传统经济中线性、僵化、静态网络不同的非线性体系。自组织原则来自创客的"自主人"，是抢入链群而非指令或上级的分派和命令。

第二个原则：自驱动。自驱动依靠的是用户的应用场景，其目的是要实现链群组织的自适应。比如：阳台场景有的从洗衣机切入，有的从健身器材切入，有的从绿植切入。因此，链群自驱要实现能够满足不同用户需求的自适应，这种自适应的非线性网络使得链群与用户零距离融合。

第三个原则：自增值。自增值体系打破了封闭体系的藩篱，以高分享为目标吸引高质量的外部资源，融入链群共同为用户创造更高的价值体验，从而使链群获得更高的分享价值实现"人"的增值。企业成为开放的无边界企业，各个小微与内外部生态攸关方并联形成链群，在链群合约的驱动下为用户场景提供一整套无缝体验解决方案。海尔推翻了科层制，建立了以小微为基本单元的组织体系，人单合一管理模式使小微充满了活力。

第四个原则：自进化。链群共赢进化的驱动机制是用户付薪和增值分享。链群为用户创造的价值越多，链群分享的价值也越多。链群在用户需求的驱动下，逐步引入外部资源方，提供更为优质的资源与服务，服务的对象体验也在与场景方案的互动中不断迭代升级。

每一个链群都应创造场景品牌和生态品牌，生态的自进化以新物种自涌现的机制为依托，最终实现生态的生生不息。

第三节　海尔链群分类与编码

链群基本单位是小微。而链群分为创单链群与体验链群。其中，创单链群指提供用户场景解决方案并不断迭代方案的研发小微、设计小微、企划小微、采购小微、制造小微、车小微和生产小微等，体验链群是与用户直接交互的社群与触点，包括用户小微、营销小微、渠道小微、宣传小微、服务小微、商圈等。围绕用户需求，创单链群和体验链群可在增值分享机制的驱动下，自组织，即时结合，以开放组合的形式（各节点小微与外部资源方合作）解决用户更复杂的需求，创造更高的用户价值。

目前海尔集团共有4000多个小微，这些小微以链群合约的方式自行组建了近200个链群，为了让链群在系统内可以自动生成管理节点，和相关的创客共享信息，需要对链群进行编码。

链群编码以链群的项目为索引，对链群属性进行了分类分级，分级后将根据链群合约纵横表对链群进行显示排名。

链群编码由四部分构成：主项目编码、子项目编码、链群属性、链群编号。第一部分为项目大类编码，用字母表示；第二部分为子项目编码，用两位数字表示；第三部分为链群属性，分为高端品牌、场景品牌、生态品牌三类；第四部分为链群编号（5—7位为序列号，8—9位为链群简称，10位为链群自扩展编号）。链群编码的原则见图6-2。

以衣联生态链群举例，衣联生态链群隶属于衣联网生态品牌中的第一个链群，故序列号可列为001，链群属性属于生态品牌（E），在子项目类里属于衣联网（A02），在项目大类里面属于体验云（A），所以衣联生态的链群编码为：A02-E-001-YL。

链群编码间是相互联系的，扩张的，不是静态的。链群编码也打破了集团内部门的限制，使链群继小微之后真正成为创生态品牌的基本单元。

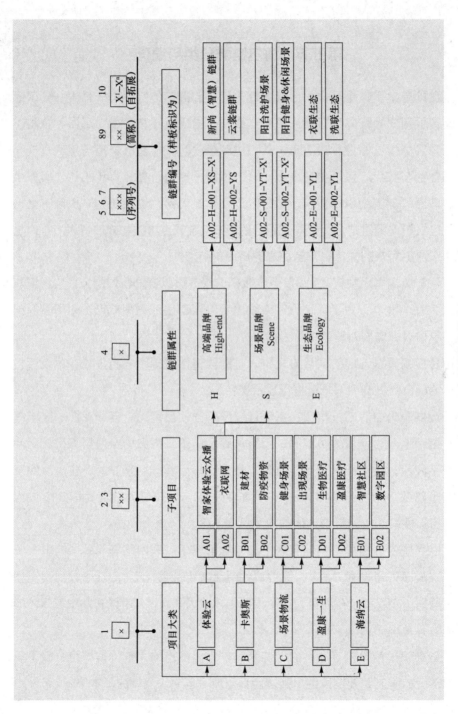

图 6-2　链群编码原则图

126

第四节　海尔链群组建六个步骤

链群的组建原则是"四自"原则，其驱动机制是链群合约。链群组建的过程就是链群合约自动生成的过程，它有六个步骤。

第一步：链群主根据用户需求发起项目，链群合约系统可以通过市场容量、市场竞争力目标、行业增速、GDP 四个维度自动生成具有第一竞争力的项目目标。

第二步：事前明确增值分享空间，系统根据超额利润，自动测算出 1.5 倍底线分享及以上的分享空间和分享对应的市场目标。

第三步：目标生成、分享确定后。如果相关链群节点认可并抢出高于市场、具有第一竞争力的目标，则可进入下一步，反之链群合约不成立。如果出现多人抢一单，由链群主、其他成员根据抢单方案进行评估，择优抢入，对方案结果负责。

第四步：链群合约正式达成前，各个节点需要进行对赌，并缴纳对赌金。对赌金与目标、分享互为约束。链群合约一旦达成，便不可更改，所有人为同一目标负责，任何一个节点不能交付符合承诺的成果，都会影响到共同的目标，以及别的节点收益。一荣俱荣，一损俱损。因此，链群合约节点相互倒逼，主动协同，不需要第三方管控。

第五步：如果目标达成，事先约定的增值分享经过系统自动核算，自动结算，支付到各自的账户中。

第六步：在上一个合约周期的尾声，各节点根据星级评价标准互相评价，结果不达标者，可能失去下次签约的机会，而别的更有竞争力的人会抢入进来。

为了实现链群组建的自动化和链群合约激励体系的智慧化，海尔探索出人单合一智能合约，链群各攸关方通过人单合一智能合约应用程序软件抢高单，抢分享，抢出爆款。由于链群有了编号，而链群运营规则是合约机制，制度很容易数字化。

目标不需要层层下达，资源不需要层层审批。智能合约应用软件是区块链技术的重要应用，避免了传统合约中心化因素的影响，其"自动执行"的特性规避了人为因素的干扰。

人单合一智能合约应用程序可以使多方对赌契约实现信息化和智能化，彻底解决了原来核算需要自己报数或取数规则不一，人为干预等问题。

海尔管理大智慧：数字化组织和人

海尔链群的组建在海尔内部是有数字化平台保障的，每个抢入链群的小微或者创客在之前链群中的业绩表现都有记录，小微或者创客的抢入预案竞争力也一目了然。海尔链群组建过程就是组织或平台实现数字化管控的设计过程。

在国内企业积极探索数字化转型的过程中，海尔链群组建步骤无疑给了企业经营者这样的启发：目标的数字化来自从下到上的自驱动设计，组织的数字化是组织目标和个人目标的合一，是企业实现整体目标的保障。简单地说，企业数字化转型的核心之一是数字化组织和个人的塑造，否则企业数字化转型就会因为无法量化组织和个人的贡献而亦步亦趋。

第五节　案例观察：链群的"斜微笑曲线"

在满足用户体验迭代升级的目标下，小微之间的聚合和小微与外部节点的并联是链群运营过程的两个核心。

小微之间的聚合是内部生态圈体系，小微与外部节点的并联是外部生态圈体系，而两个生态圈的融合就是链群合约机制驱动的过程。

内部生态圈就是创单链群，而外部生态圈是体验链群。体验链群侧重于市场端，通过一些触点网络直接面向用户社群，与用户交互，得到用户新的体验升级需求的反馈；创单链群负责具体落实，不断迭代用户解决方案去满足用户的体验需求。

按照本章第三节的链群分类原则，我们不难发现，如果把链群的组成形态按照和用户接触，直到交付用户体验方案的流程来排列，它们就形成了一个"微笑曲线"（见图6-3）。

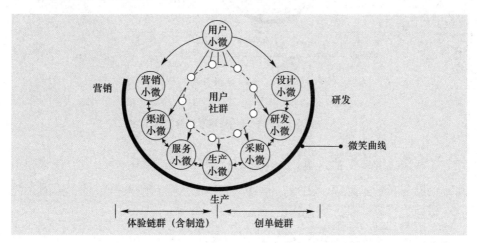

图6-3　链群在"微笑曲线"中形成反顺序（"反微笑曲线"）

按照海尔链群合约生态图的逻辑，创单链群为横轴，体验链群为纵轴，放入到微笑曲线里的链群们就像一个"反微笑曲线"：左侧是营销，右侧是研发，有别于传统"微笑曲线"中的左侧是研发，右侧是营销。这也符合海尔人单合一的逻辑，人单合一是以用户价值为中心的管理变革，是用户需求驱动的内部管理变革。

我把这种"反微笑曲线"称为需求侧驱动供给侧变革的变异曲线。

如果把"反微笑曲线"放到链群合约纵横生态图中，它就变成了"斜微笑曲线"（见图6-4）。

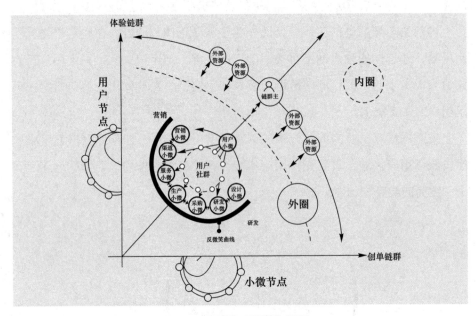

图 6-4 链群的"斜微笑曲线"

"斜微笑曲线"把人单合一内部组织的并联生态圈和外部用户体验的资源平台圈非常形象地表示出来，而且可以看出人单合一的开放性：内圈和外圈的界限是虚线，表示没有界限，而外部资源和链群主在同一圈层上，表示没有等级和内外之别，大家都面对用户的需求，是交互和合约的关系。

"斜微笑曲线"还有一层含义：它像一个即将倾倒的杯子，寓意内部的组织和外部的生态市场都是动态的，易变的，要有"倾否而非否倾"的自我否定意识，时刻准备迭代自我，再塑自我。

第六节 管理透视之"海尔牌"烤鸭诞生记

海尔人单合一模式在组织体系上的创新可以驱动海尔前台获取用户信息并把它变为生态解决方案，使消费者能享受到"前所未有"的体验，而这种体验的迭代赢来了海尔的黑海体系对传统行业的"覆盖"。

在海尔集团，有一个链群叫智慧烹饪链群，属于 A 序列食联网，链群主的名字叫张瑜。

张瑜本是海尔智家厨电部某小微的一位创客，在人单合一模式的驱动下，他平时最爱琢磨一件事情：场景颠覆产品，仅仅卖烤箱、油烟机只是卖产品，这些产品如何融入场景中去呢？

2020 年初暴发的新冠肺炎疫情，使人们走进了厨房，街边的餐厅关门歇业。早有准备的张瑜发现：平时人们爱吃的北京烤鸭，因为疫情无法享受到现场烤出来的鲜美味道。能不能在家做呢？这个异想天开的主意让张瑜自己都觉得只是一个想法而已。

张瑜从熟悉烤鸭制作流程的厨师那里了解到：制鸭胚到烤制完成端上餐桌共有 40 道工序。即便做成配送到家的半成品，也会遇到一个棘手的问题：进烤炉前需要在 17℃ 的凉坯间解冻 18 小时，再经过 6 到 12 小时的排酸；进烤炉后还要配合烤刀口、燎裆、转体等技术动作，在额定温度 220℃ 的烤炉中，明火无烟烤制 90 分钟。

关键是烤箱的功能无法和烤鸭的特质工具——挂炉相比，如果消费者想在家里烤鸭，设备、工艺和食材目前都不允许。

人单合一模式驱使小的创业链群发挥了作用。"硅谷有个说法，如果你的产品拿到市场上去不让自己脸红的话，那你的产品就推出得太晚了。"执着的张瑜说。

资源不在于拥有，而在于整合和利用。张瑜整合来了资源：一个是张伟利，一个是丁宜都。

张伟利是地地道道的北京人，是知名的国宴大厨，他有超过 30 年以上的烤鸭经验，在北京烤鸭圈里名气了得，他烤出来的北京烤鸭色泽枣红，肉嫩油酥，香气四溢。

丁宜帮有超过30年的养鸭经验，他的养鸭场就在京郊的雁栖湖边，是北京多家有名气烤鸭店的原料供应商。

三个男人开始上演了一出好戏。在张瑜的牵头下，他们从家庭烤箱、鸭坯、鸭坯储存、制作工艺和流程倒逼烤箱的结构和功能、鸭坯的解冻时间、家庭场景的制作流程。

在近300多次的试制过程中，烤箱和挂炉烤制效果主要体现在油脂含量、酥脆程度和烤鸭色泽上。这样，烤箱、冰箱和食材的生产和储存上就有了改进方向，三个人的信心更足了。

经过半年的不断实验，鸭胚在零下18℃的环境下配送，不需要解冻，可以直接送入海尔特制烤箱；烤箱的温度要维持在200℃，能够智能设定；整个烤制过程，要维持70%的湿度……三人终于用海尔智家的家庭烤箱做出了口味正宗的北京烤鸭。

张瑜的创业小微把"一键烤鸭"的菜谱变成了数字菜谱，将它存储到厨电设备，通过屏幕显示菜谱的数字化厨电解决方案。"一键烤鸭"创下的历史纪录是：一个月卖出2万只烤鸭，实现了400万元的生态收入，截至2021年7月，中国有10万家庭可以在家吃上北京烤鸭。

一家知名的北京烤鸭负责人连连惊叹：从没想到过海尔会成为自己的竞争对手。

海尔人单合一模式下的链群组建范式就是张瑜烤鸭链群的构建形式，张瑜是海尔内部的小微，而张伟利、丁宜帮是外部的两个小微的小微主，它们跨界形成的链群共同来满足用户的场景化需求。而这种需求可以持续迭代和升级，当然更可以延展。例如，张瑜在烤鸭场景的成功，让他开始进入烤鸡、烤羊排、蒸剁椒鱼头等场景，产品融入了场景，而场景嵌入了食品产业链，产业链由此生态化，这就是产品覆盖行业的逻辑。

目前，海尔的食联网、衣联网、水联网、空气网、血液网、疫苗网、娱联网、视听网……雨后春笋般地形成，而"北京烤鸭"的故事只是食联网里一个片段写照而已。

第七章 ▍人单合一的预算体系

导 读

任何人和事只要有了目标就有了方向，有了方向就需要组织的保障，而组织的保障需要预算体系的支撑。

人单合一的预算体系是链群让生态目标落地的关键。《孙子兵法》里说："多算胜，少算不胜，而况于无算乎？"意思是说：多有谋略和规划就会胜利，而缺少预算和规划就不会胜利，如果连预算都没有，就不要提打仗的事情了。

海尔人单合一是事先算赢，不是事后算账。更为重要的是，海尔的预算体系是自下而上的，而不是自上而下的，这和传统管理模式下的预算体系有所不同。

第一节 海尔宙斯模型第三象限

本书在第四章第二节介绍的宙斯模型第三象限是"即同一目标下在时间维度上的承诺与流程"，其本质就是预算体系，见图7-1。

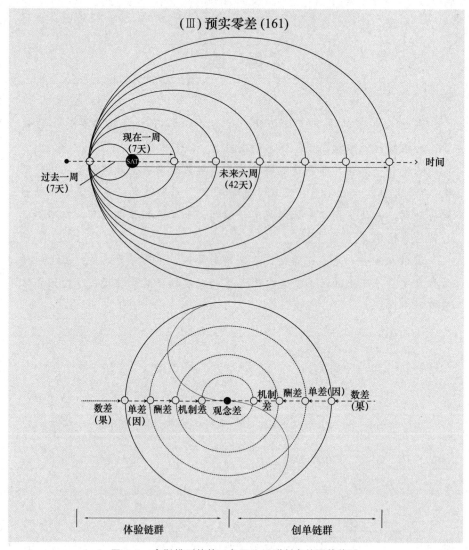

图 7-1 宙斯模型的第三象限为链群创客的预算体系

　　海尔人单合一模式实施的是自主的、从下至上的"全面预算管理"，意味着所有的小微抢入链群要有预案、预算和预酬。

　　当然，海尔的全面预算主要是"三自"平台中的财务预算来驱动，在人单合一模式下，所有的人都是"财务预算创客"，实施全面财务预算体系。

　　人单合一是基于同一目标下的承诺预算，因为所有小微的目标是一致的，为用户创造价值，根据用户的增值来分享成果。在这样的经营逻辑下，海尔的预算体系就是一种倒逼预算体系，是先有高目标，也就是"举高单"的过程，根据目标做出时间、资源、节点进度的预算方案。

　　预算体系的设计和财务体系、薪酬体系和关差体系紧密相连，它们从数字和运营上保证链群生态目标的实现甚至是超越。

　　在传统管理时代，海尔的预算体系就有口皆碑，企业管理者熟知的"日清体系"（其本质是日事日毕，日清日高），就是海尔预算体系的重要组成部分。当然，它也是海尔人单合一"关差体系"的组成部分，本书把它放到"关差体系"中来阐述。

第二节　海尔预算体系的"金三角"

人单合一模式下的海尔预算体系包含三个部分：预案、预算和预酬。三个体系所关注的内容不同，形成了一个三角形，在海尔称为"三预机制"，我把它们叫作预算体系的"金三角"（见图7-2）。

图 7-2　人单合一预算体系"金三角"

预案是指为完成宙斯模型第一象限中的战略目标而做的。包括人的预案、预期收入预案、预期利润预案等。预案是指整体的规划方案，但里面最重要的是人的预案。

海尔人单合一是先有单才有人，因此海尔的"人单酬"被改为"单人酬"。要达到第一竞争力的目标，首要的是聚到第一竞争力的人。这样的逻辑避免了传统做法中根据人的能力来获取多大的单，变为第一竞争力的单来吸引有竞争力的人。用户价值的创造驱动人，但没有预案的人难以实现高增值的订单。

在"一键烤鸭"的案例中，张瑜根据市场的判断，认为疫情暴发后，消费者进厨房的次数更多了，在家自己烹饪健康佳肴是一种新型消费方式，而"烤鸭"场景绝对是一个有潜力的"大单"，而且这个订单需要生态伙伴一起来完成，他就通过预案的方式聚来厨师张伟利、养鸭人丁宜帮、食品行业惠发集团等"人",这些"人"的竞争力都是在行业内沉浸了30年以上,有创新和创业精神的,而且背后的团队也属于社会化的小微公司。

预案有了"人",其他的分预算就可以分工协作,只不过分预案的实行要并联执行,而不是串联执行,这样就做到了信息共享,并肩作战,无缝对接,提高效率。

预酬是指不同的有竞争力的目标下的预期薪酬方案。例如,在宙斯模型的第一象限的目标设计过程中,竞争力区域分成了2、4、6、8、10区间,这些区间代表着不同的竞争力目标。而不同的竞争力目标的对赌酬和增值酬是不一样的,有些竞争力目标还有CEO大奖。

例如雷神的预酬方案如下:在4区位(行业平均的1.2倍)为起始点,对赌8区位的拐点酬。有了预酬就要倒逼预算,与各小微再签订预酬对赌协议,协同努力,直到最后提前一个月,用7个月做到了8区位。最终,他们拿到了拐点酬、对赌酬和增值酬。

预算体系主要是161预算机制和日清体系。目的是把预案中的整体方案细化到日、周、月、季、年。详细的阐述见本章第四节和第十章第三节。

聚高单,亮高酬,聚高人,这是一个先后的顺序,也就是先有目标(预算,主要是目标的量化),再有预酬(实现用户付薪机制下的薪酬方案和对赌协议),吸引过来有竞争力 的人(预案,包含生态伙伴、外部创客等)。它们之间的关系见图7-3。

由图7-3不难看出,人单合一"金三角"的三预机制其实就是"单人酬"的预算体系。

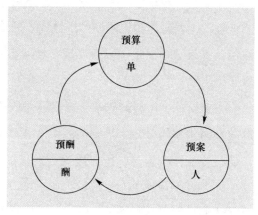

图7-3 人单合一预算"金三角"的逻辑关系

第三节　海尔预实零差

"预实零差"指的是创造用户价值的流程目标，此流程要做到"预算和实际"的零差距，预实零差的目标需要通过预算"金三角"、161滚动预算机制（简称161机制或161预算机制）、日清体系、关差体系来实现（以上体系有重叠，例如"金三角"包括了161机制，关差体系包括了日清体系）。

日清表显示财务数据和经营人的现状，然后明确161（上周工作绩效挂定，本周工作预算锁定，6周工作预算排定）事前预算的规划内容。161机制把周目标分解为日清，日清目标每天和目标对照，显示差距后即时关闭差距。最后，对一周的工作绩效进行评价，显示绩效结果并与个人的损益挂钩，根据结果闭环优化，制订新一周的预算。

预实零差的保障机制就是"三预机制"，三者之间关系如图7-3所示，首尾相接，环环相扣。"三预机制"本质是"预赢"，过程是"预通"，即目标要通、资源要通、流程要通、机制要通，它支撑起宙斯模型在第三象限的主要内容，也把四个象限"纵横连线"起来。

预实零差要求实现"三个零"：内部链群组织与用户需求的零距离，内部小微之间的零距离，两个零距离保障目标实现的零差距。

预实零差是海尔集团评价小微成效的重要维度之一。海尔集团设立的"金锤奖"的入选标准是：只有完成了预实零差的创客才有资格共议、推选、争取这个奖项。

人单合一小微链群时期，预实零差依然非常重要。2021年5月11日，张瑞敏在海尔集团W20[②]周一战略会上再次强调场景品牌和生态品牌的创立要加速，要在样板复制、行业覆盖和共享平台建设上发力，做到预实零差。这

---

② W20是指：全年度52周的第20周（Week）。海尔会锁定某一个链群样板，跟踪其运营情况，全年第一周的滚动预实零差会议为W1，第二周为W2，依此类推。这样161预算机制中的每一周就有了编号。

里的共享平台创立和完善目的是要保障复制样板的可持续性和行业覆盖的时间节点的预实零差。

　　要做到预算与实际零差距就必须做好动态的过程管理。小微和链群内的预实零差就是预案、预算和预赢，"三预机制"保证了事前算赢，而不是事后进行差距核算。

　　海尔预实零差的做法给企业管理者的启示是：要有动态关闭差距的体系和机制，杜绝年底算账时，有差距却于事无补的被动局面。

第四节　海尔 161 预算与零基预算

161 预算机制是海尔人单合一管理模式在自主经营体、利益共同体时期重要的预算机制之一，在海尔内部被称为"161 全流程预算"。在生态链小微群时代，161 预算流程及体系在小微和链群里依然自主使用。

161 预算机制的基本概念是："1"是挂定上一周的绩效结果，"6"是规划好未来六周的预算，"1"是锁定本周的预算。

海尔集团的考核往往在周六进行，如果按照这个节奏，本周就是上一周，而当周就是下一周，未来六周的预算里就包含了下一周。这样，161 预算机制包含了 7 周共 49 天的滚动预算和绩效评估（见图 7-4）。

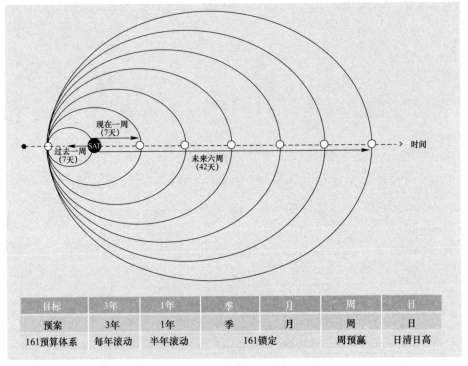

目标	3年	1年	季	月	周	日
预案	3年	1年	季	月	周	日
161预算体系	每年滚动	半年滚动	161锁定		周预赢	日清日高

图 7-4　161 预算机制示意图

以某触点小微，也就是和体验链群中的小微为例，小微上一周的收入和利润、触点建设数等绩效结果是挂定的，不能改变的，要根据这个绩效结果和上一周的预算目标对比，就是显差。根据显差结果，找出关闭差距的路径和方法，把这些方法形成预算，形成下一周的工作预算和计划，同时还要做出未来六周的预算和计划。

以制冷星厨链群为例，自定高增值高分享目标后，重庆制冷小微主在冰箱份额40%、首位度3的基础上，又抢到了18%的增幅目标。有了高目标之后，小微主作为牵头人和创客一起制定161全流程预算。

根据上周的绩效，关闭和目标的差距，制定下一周的预算，同时把未来六周的计划也根据过去一周的情况进行调整。这个调整不是调低目标，而是调整实现目标的方法、资源配置等。而这一次，小微主和创客们内部调高了下一周的预算目标。"目标是抢来的，要拿到增值酬，就要敢于挑战自我。"制冷星厨链群的一位创客自信地说。

在小微内部，奉行"目标不能调整（主要说不能调低，但可以调高），而其他都可以调整"的价值观。最终重庆制冷实际达成58%的增长，全网市场份额达45%，对应的分享额达35.6万元，是自己以前及行业的2.0倍，而这种增值分享实时可见，全月达成即可兑现。

和161预算机制相对应的还有一种预算方法，称为"零基预算"。零基预算是指在编制预算时对所有的预算支出，均以零为基数，不考虑以前的执行情况，从根本上研究分析每项预算是否有支出的必要和支出数额的大小。零基预算不以历史为基础作修修补补，以每次做预算的时间为起始点，重新审查每项活动对实现组织目标的意义和效果，并在成本和效益分析的基础上，重新排出各项管理活动的优先次序，并据此决定资金的分配。

零基预算体系作为整体年度事前预算计算，161预算体系主要用于事中"日清日毕"。零基预算对年度预算中的费用等规则做了严格的界定，使161预算体系中各个预算数据的来源和计算规则有了更清晰的界定。

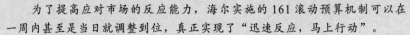

海尔管理大智慧： 滚动的预算

　　为了提高应对市场的反应能力，海尔实施的161滚动预算机制可以在一周内甚至是当日就调整到位，真正实现了"迅速反应，马上行动"。

　　海尔的所有机制和方法表面看来很烦琐，其实逻辑很简单，也很容易操作，它贵在坚持。

第五节　案例观察："量子小店"是怎么算赢的

管理大师彼得·德鲁克有句经典名言："动荡时期最大的危险不是动荡本身，而是按照昨日的逻辑行事。"张瑞敏在美国斯坦福大学演讲时说："外部世界充满不确定性，想保持原来的平衡已经不可能了。传统的结构解决不了问题，不是销售部门埋怨研发部门，就是研发部门埋怨销售部门。只有'小微'才能应对不确定性，满足个性需求。"

市场上的触点小微，也就是原来的实体销售门店，海尔通过人单合一的转型，把它们变为了"量子小店"。

海尔"量子小店"的名称来自管理学家丹娜·左哈尔作品——《量子自我》里的一个观点："每个员工都是独立的自我，同时又是为他的自我。"量子管理学把目前的管理分为牛顿型管理和量子型管理。牛顿型的公司分为不同的部分，包括生产、研发、销售等，每个部门各自独立，互不干扰，听从自上而下的指挥。而量子型的公司就是一个整体，每个人彼此相连，各个部门息息相关，信息透明，能够相互交流，每个人都对自己所处的环境非常了解。

"量子小店"显然是量子型管理模式下的网络非线性组织，如同比原子还小的量子。量子在物理上可能是体积最小的，但确实是最有价值的。

在 2018 年的海尔创新年会上，海尔确立了触点网络建设的基本目标，即至少实现"3 个 10 万"：第一个 10 万是城市的社区，城市中大一些的社区大概有 20 万个，海尔计划先做到布局 10 万个社区的快递柜；第二个 10 万是农村的水站，我国大概有 60 万个自然村，大一点的行政村有 20 万个，海尔计划先做到 10 万个；第三个 10 万是 10 万个车小微，现在物流快递虽然有很多，但一般以送达为目的，海尔的车小微不仅完成送达任务，还会转变为社区的联络点，也就是用户的触点。

和"3 个 10 万"的战略预算目标相似，海尔还在全国积极布局和用户交互的终端触点——量子小店。2021年，海尔在全国基本上建成500家量子小店。

为了承接量子小店的建设整体预算目标，郑州小微做出了海尔"千镇万村"的预案。2021年2月，郑州小微开始引导专卖店客户，每在村里做一场活动，都要想办法在村里开辟一个"根据地"。"根据地"的设立需要有预算，比如基于村里的人口规模、人口组成和"村GDP"等，来设计"量子小店"的交互内容和场景方案。

这些"根据地"并不是实际的空间，而是像村里的村支书、小卖部老板、电工等一个个具体的人，这些"人"就是量子管理中的自主性和统一性合一的"量子"。

郑州小微将这些在村里或镇上拥有一定用户资源的"人"统称为村级体验官。目前，郑州小微已在河南省约1500个镇4万多个村中发展了7000多名村级体验官。

这些村级体验官像神经末梢一样，能快速感知用户的需求，并反馈给各区域专卖店客户，帮助专卖店客户更好了解用户需求，实现快速发展。

以位于河南商丘柘城县的某专卖店为例，这家2020年10月中旬才建起来的海尔专卖店，到目前为止已经发展了20多位体验官，这些体验官为该专卖店带来的订单额已经超过200万元。

与传统的零售企业线下建店模式不同，海尔在上海建立的是以用户体验为中心的社群体验网络。这些门店，不光卖产品，还能为用户提供众多生态服务和场景体验，例如，家政服务、家电服务、装修服务、上门生活服务、快递代取点、宠物寄存等。以上海为例，如果未来建成预算1000家的量子小店，这些门店像神经末梢和毛细血管一样，将覆盖上海204个街道/镇20000个小区，持续不断和用户进行零距离交互。

海尔全国各地"量子小店"的迅速建设就是"算赢机制"的成功，从数量的规划，门店服务内容，量子小店的类别，上海、青岛的量子样板的借鉴等，每个区域商圈小微都有自己自主而又符合链群合约的预算体系。

海尔管理大智慧：
　　　　亲民和友好的量子小店

　　海尔每个量子小店的服务内容不同，可以结合社区居民的具体需求设计，甚至可以定制。这种表面看起来"不务正业"的做法就是海尔生态体系覆盖行业的具体做法。

　　不论什么产品，都是亲民的、友好的，是便利的、实惠的，海尔量子小店与街边的所谓专业小店相比，后者只是针对垂直的目标群体，而前者却是随时升级生态体验，建立用户触点，可谓"一网打尽"。

第六节　管理透视之海尔赢在"49天"

海尔161预算机制是"站在现在看过去，也站在现在看未来"。以本周为起始点，以T时间为节点，那么未来的六周可以表示为"T-6"周，过去的一周为"T+1"周，因此，海尔的预算体系特别关注7周之内的49天。

海尔或许和"7"有特殊的渊源，战略阶段设计为7年，而161预算机制设计为7周，时间为49天。

不要小看提前49天的预算，它能够让小微和创客有足够的时间去和市场做初步交互，然后回来按照用户的需求做升级版的体验方案。

郑州冰箱小微曾面临一个现实问题：三四线市场的用户都在乡镇和村庄。为了连接起用户，他们建立了完善的网格体系。在161预算机制驱动下，网格建立起来，但发展还是面临瓶颈。

发展瓶颈的问题都是在161预算机制中发现的。起初，周清的时候每周都有新问题发生，他们决定进村入户调研。在终端调研时，他们才发现建成的网格内的用户触点与用户还有距离，用户交互无法开展。

为此，他们将预案和预算调整为渠道继续下沉，将触点深入具体的行政村和部分村民家中。最后，他们得出结论：只有用户在哪里，小微就能交互到哪里，那里的人或者店才是真正的有效用户触点。

这样，乡镇上的门店（现在升级为量子小店）不再"坐店等客"，而是"走街串巷、进村入户"，为村民提供家电保养、冰箱除霜等免费服务，感知用户的痛点和需求。店不怕小，走出去就是世界。用户零距离接触和交互，信任感剧增，市场份额也水涨船高了

以上的小微和创客的策略调整和迭代，在49天内足以通过161预算机制做到位。

"赢在49天"是海尔快节奏变革的号角，是海尔不断自我调整和自我修复优化的自控系统。

第八章 ▌人单合一的财务体系

财务体系和薪酬体系是人单合一的核算体系，而财务体系又是薪酬体系的基础。

财务体系对一家企业的重要性不言而喻，企业管理的两个脉络，一个是基于业务导向的管理，另外一个是基于财务核算导向的管理，两个脉络相互交融，使企业的运营更加体系化、精准和高效。

财务体系是企业的数据驱动中心，它可以体现企业的经营状况，使决策者从数据中读出经营中的问题，进而改进。传统企业的财务体系由三张表支撑：损益表、资产负债表和现金流量表。

在人单合一管理模式的驱动下，海尔内部的组织发生了彻底颠覆，组织不再是科层制，而是网络节点非线性生态组织，具体的表现形式就是小微和链群。基于组合的变化，目标体系的设计、预算体系、薪酬体系都发生了改变，自然海尔的财务体系也随之发生改变。

人单合一模式下的财务体系则拥有了物联网时代企业应该具备的第四张表：共赢增值表。共赢增值表在本书的第五章第四节已经有所介绍。

基于共赢增值表的要求，自主的小微及创客要有预案地抢入链群，有预案就必有预算和预酬，这就让海尔的全体创客成了"人人皆财务""全员式管理会计"。

第一节　海尔独特的价值——战略会计体系

在海尔转型前，财务部门的人员分为基础财务、专业财务和业务财务，基础财务主要负责核算、核销、记账、薪酬发放等，专业财务的基本业务内容是预算、并购、资产和资金等，而业务财务的工作则主要融入了具体的产品价格、市场策略和研发设计的成本竞争力等业务流程。

在人单合一 2.0 版本前，海尔的财务角色主要还是由职能部门承担，主要是"事后算账"，报表内那些单维枯燥的数字即便透露出某部门经营业绩不好也无济于事。即便数据显示业绩很好，也只能说明过去的一段时间里经营不错，但若此时经营已经开始下滑，财务报表也无法体现未来的发展趋势。

传统的财务只是在上演"过去式"，这些数字犹如跑步机上的数字，不是真实的陆地上的跑步数字，按此数据做决策，容易受误导。张瑞敏认为：看传统财务报表制定发展规划，就好比看后视镜开车。

人单合一模式的变革肯定不需要这样的财务体系，海尔为此进行了财务体系的变革。

海尔财务体系的变革历程大概经历了四个阶段，最终实现了财务体系"规划未来、引领价值、事前算赢、创新增值"的转型，提升了财务的价值和运营参与度。

第一个阶段是派驻财务阶段，各事业部财务由集团财务派驻，各派驻财务隶属于集团财务，这个阶段的财务组织形式为职能部门。

第二个阶段是共享财务建设阶段，把基础财务建成共享中心，提高了财务的运营效率；专业财务则变为创造价值的独立单元，如海尔金控。这个阶段的财务组织进行了拆分，主要分为共享财务和生态财务（完善过程中，部分财务功能已经发展为生态概念）。业务财务留在产业平台，但没有融入小微。

　　第三个阶段是"三自"阶段，就是海尔集团把财务、人力、法务、战略等进行优化和整合，变为"三自"平台。"三自"是自创业、自组织和自驱动，这个和小微的"四自"还有所不同。"三自"平台在黑海战略阶段升级为大共享平台，成为赋能小微企业的驱动平台。这个阶段的财务组织依然为共享财务和生态财务，生态财务是把预算、融资、税务、内部银行、新金融、内控、新业务发展等财务平台发展成为独立的业务单元或者服务平台，海尔称之为"生态财务"，生态财务的价值是引领和增值。

　　第四个阶段是融入链群阶段，财务系统也自发成立动态的链群，财务小微抢入行业链群，成为节点小微，支持整个链群的财务决策，并为链群的战略发展、三预机制的执行和共赢增值表的核算等提供决策或服务。这个阶段的财务组织为：共享平台、生态财务和融入财务，按照链群的"四自"原则，我把融入财务称为"抢入财务"。

　　海尔人单合一管理模式倒逼财务体系的持续升级，以海尔某财务平台为例，他们在服务19个国家和地区、8种语言、900多家法人公司的前提下，员工总数从上千人降到200多人，工作效率提升了数倍。原因就在于融入链群阶段的财务体系细分为"三自"平台、大共享平台和链群小微融入财务，财务创客自行选择平台，但每一个平台都直面用户，彻底从职能财务转型为自驱动、自增值的战略引领财务。

第二节 海尔财务体系的三次升级

海尔财务体系的发展历程大致可以分为四个阶段，而财务体系的升级可以总结为三个阶段。

按照宙斯模型和链群合约、人单合一计分卡的二维象限的思路，如果把横轴设置为财务的市场价值，也就是把他们提供服务的业务模式作为一个维度，纵轴设置为用户（用户是终端用户和小微）创造价值的方式，海尔财务体系可以分为财务 1.0、财务 2.0 和财务 3.0 阶段，上文提到的海尔一、二阶段的变革属于财务 1.0 阶段和部分的 2.0 阶段。这三个阶段分别是：专业—职能财务、业务—管理财务和战略—价值财务，见图 8-1。

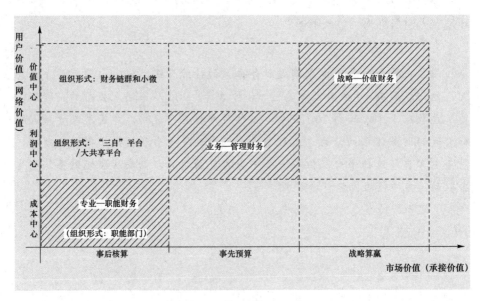

图 8-1 海尔财务体系 1.0 到 3.0 阶段

三个阶段的财务系统的组织形式是不一样的，1.0 阶段是职能部门，2.0 阶段是"三自"平台和大共享平台，而 3.0 阶段是财务链群和小微。

3.0 阶段的财务开始抢入了链群里，和其他小微一起为用户创造价值并最终按照预酬分享增值，它已经变成了价值中心，是产业链群战略设计的驱动者，是用户价值创造的主力军，不再是三线部门或"后台"了，直接变成了一线和前台。因此我称财务 3.0 阶段为"战略—价值财务"。

海尔管理大智慧：海尔财务温控计

　　海尔人单合一转型的成功很大程度上得益于海尔财务体系的成功转型。海尔财务转型的本质就是把财务分成两个部分，一个是共享赋能财务（专业财务平台也包含在内，如税务平台、资金平台等），例如全球财务共享平台，即"财务云平台"，已经成了连接企业和小微，以及小微和客户、用户的共赢生态圈，另外一个部分是变为节点小微抢入产业链群中去。

　　第二个部分的财务由原来的温度计变成了温控计。战略—价值财务由原来的事后核算变为了战略算赢。

　　海尔财务体系的升级值得企业管理者深思：职能部门如何从封闭的办公室走出来，和市场、研发等部门一起共创用户价值？

第三节　海尔财务"驾驶舱"："宏四微五"

财务体系是企业经营的显示器，在海尔还增加了一个功能——加速器。

既然是显示器和加速器的合一，就必须要建立"财务驾驶舱"，这需要新方法和新工具，海尔财务体系的工具我总结为"宏四微五"工具汇总。

"宏四"是指在宏观方面要参与四张表（见图8-2）。

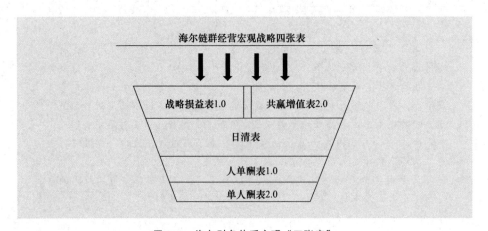

图8-2　海尔财务体系宏观"四张表"

宏观"四张表"包含以下工具：

战略损益表1.0也就是宙斯模型，海尔称之为战略损益表，后来升级为共赢增值表，因此本书称宙斯模型为战略损益表1.0，尽管它被共赢增值表迭代，但是其引导性仍然存在，我仍然把它列为财务体系宏观分析的工具。

共赢增值表2.0是战略损益表1.0的升级版本，为区别迭代的战略损益表，故称为"共赢增值表2.0"，在本书第五章第四节有详细阐述。

日清表，表面看属于微观层面，但财务涉及表内的内容设计，日清的指标设计和共赢增值表的导向息息相关。例如生态成本和生态收入，再如资源方指标设计等，因此日清表的设计属于宏观层面，在小微样板的打造中，财务尤其需要参与。日清表的设计方法在本书第十章第三节有阐述。

人单酬表1.0和单人酬表2.0是一张表，之所以区分开是为了强调这张表的称呼有了变化，而且内容也发生了迭代和升级，在本书第九章第四节有说明。

海尔财务体系的宏观"四张表"使财务小微能参与链群运营的战略设计，并在链群组建开始就能做到"规划未来、引领价值、事前算赢"。

"微五"是指在微观方面要参与五张表（见图8-3）。

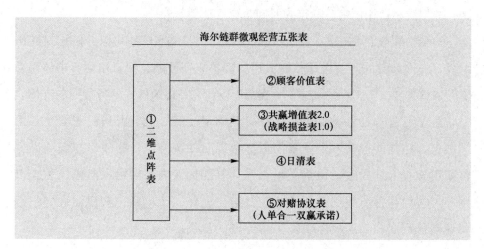

图8-3 海尔财务体系微观"五张表"

微观"五张表"包含以下工具：

二维点阵表是由宙斯模型，也就是战略损益表1.0延伸出来的表，它可以设计小微的战略目标，是人单合一双赢承诺书（对赌协议）的前期分析模型和具体的实战工具。财务创客作为链群中的成员需要参与分析，二维点阵表在本书的第五章第三节已经有详细解释。

顾客价值表的目的是解决市场上"吃大数"的问题，顾客价值必须转化为用户价值，不能变为库存数，只有与用户交互后的场景方案解决才是用户价值，这是衡量用户价值的标准。顾客价值表在本书第五章第四节中有详细阐述。

共赢增值表 2.0（包含战略损益表 1.0）是海尔基于人单合一管理模式下的企业第四张表，是互联网时代企业财务管理系统的创新工具，里面有六个要素，其中边际收益是一个特色，生态体系下的企业可以实现生态收益的递增。本书第五章第四节有详细介绍。

日清表，链群微观层面的运营需要和链群合约契合，电子日清系统自动生成报表，财务系统可以自动取数，把每天的经营绩效汇总，即时显示差距，并提醒小微和创客在预定的时间节点主动关差。

对赌协议表也称"人单合一双赢承诺"。二维点阵表可以分解出对赌协议表，里面涉及的对赌目标和增值目标都事先在预酬、预算和预案中体现，财务系统需要参与对赌协议中的"拐点"设计，并提前做好财务数据的支撑。

微观经营的五张表都非常重要，但体现战略—价值财务的主要是共赢增值表，它能够根据六个要素的指标透视，使链群小微的战略方向精准，预期生态收入"见数，见路又见人"，并能倒逼内部的组织自主经营，以用户付薪和创客所有制为驱动，使链群自进化，市场新物种自涌现，生态快速覆盖行业，加速海尔生态品牌建设的步伐。

第四节　海尔融入财务与传统管理会计的比较

海尔战略—价值财务阶段的核心组织方式是融入财务，这种适用于物联网时代的生态组织方式和传统管理财务有诸多的差异，见表8-1。

表 8-1　海尔融入财务与传统管理会计的比较

维度	比较	
	传统管理会计	海尔融入财务
适用企业	传统企业和互联网企业	物联网企业
财务体系	基础财务、专业财务、共享财务	共享财务、生态财务、融入财务
财务组织	职能部门，共享平台	"三自"平台、大共享平台、小微链群
财务工具	三张表：损益表，资产负债表，现金流量表	宏四微五表，主要是共赢增值表，传统三表配合使用
财务模式	专业—职能财务	战略—价值财务
和企业关系	职能部门或者派驻财务	融入财务
财务作用	参与预算，事后核算	规划未来、引领价值、事前算赢、创新增值
财务内容	利润 = 收入 − 成本 − 费用，权责发生制	共赢增值表六要素，更关注用户资源、生态收入
财务定位	股东第一	用户和员工第一
财务关注 1	关注表内损益	关注表内和表外损益，更关注后者
财务关注 2	关注企业价值链，静态平衡	关注链群价值流，动态平衡
财务关注 3	关注数（果）	关注人（因）
财务战略	核算价值	创造价值
财务比喻	温度计	温控计

在表8-1中，海尔融入财务适合的是物联时代的企业，它的定位、作用、关注点等都发生了很大的变化。需要说明的是，融入财务是海尔财务体系中

的一个组成部分，是海尔有竞争力的财务体系中的一个闪光点，它是创造价值的财务组织，从而颠覆了原来财务只是核算价值的财务组织战略。

海尔管理大智慧：海尔财务加速器

人单合一是以"用户和员工"为导向的组织创新，两者的合一需要财务体系的支持。人单合一的驱动机制链群合约、创客所有制和用户付薪需要财务工具协助落地，而落地的过程中，财务系统是显示器、过滤器和加速器。在这三个定位中，海尔更看重其加速器的作用，因为财务不再是旁观者，而是引领者，人单合一模式的复制和迭代，更需要财务体系对"价值流"的专业敏感度。

第五节　案例观察：海尔"融入财务"素描

海尔财务体系的四个发展战略阶段和财务体系的三次升级，使融入财务成为人单合一模式下财务体系的新组织形式。财务体系在传统企业里是成本中心，但在人单合一模式，财务从成本中心升级为利润中心，最后成为价值中心，财务体系在整个链群中的作用和地位得以提升。

共赢增值表是海尔战略—价值财务最大的亮点。在共赢增值表的驱动下，链群不仅要有产品收入，还要有生态收入，目标是生态收入大于产品收入。

小杨是海尔集团财务链群中的一个创客。2009年毕业以来，小杨就在海尔财务系统工作。"我亲身经历了海尔财务体系的三个升级阶段，开始还有些不理解，觉得财务是专业技术，怎么能和用户对接呢？"但随着海尔人单合一模式的推进，海尔财务系统发生了巨大的变化，基础财务变为了共享中心，而且实现了数字化，人员也减少近70%；资金、融资、资产管理、内控和税务等都独立成立了平台公司，人员数量比原来有所增加，但岗位是有限的；最缺人的是业务财务，可以抢入链群，如果链群目标达到了预实零差，就可以和其他创客一起分享市场增值。

小杨和他的同事小刘决定试一把。他们组成小微抢入了衣联网的一个链群。进入链群以后，要融入链群节点，和其他触点和节点小微一起研究用户解决方案。

"在链群里，我们充分发挥了财务专业的优势，其他创客对财务核算方法，尤其是共赢增值表的第二级项目，所持的标准不一样，我们通过努力，和其他小微一起把链群合约机制搬到网上平台，这样就减少了人为干预的因素，合约更加合理、公平和透明。"为此，小杨和小刘得到了对赌酬和增值酬。

但小杨并不满意，他认为这还是财务"温度计"的功能，他要彻底转型，把财务体系变为"温控计"。他积极和用户小微沟通，发现在生态合作伙伴生态吸附力方面应该引入"战略合作伙伴"的做法，合作伙伴除了自愿、自主外，其资信和财务体系应该和海尔的生态品牌体系契合，做到"和而不同"，合作黏度达到"战略"层面，这个观点很快得到了链群主的肯定。

经过一番努力，小杨和小刘的工作初见成效，他们"加强合作伙伴规模参与和提升链群资信"的预案得到了合作伙伴的认可，生态成本降低，生态收入增加。

"小杨和小刘的财务小微是真正做到了温控计的功能，我们链群的快速发展他们的贡献很大，我们已经决定为他们小微申请集团的金锤奖。"衣联网某链群主评价说。

"财务公司应成为集团的提速机，而不是提款机""财务功能应该成为温控计而不是温度计"，这是海尔对财务体系升级的要求。无疑，海尔的融入财务正在向这个方向积极发展。而融入财务就是我总结的海尔财务 3.0 版本：战略—价值财务。

第六节　管理透视之海尔不再看后视镜开车

传统管理会计更多关注的是表内的资产，按照权责发生制来核算企业和员工创造的价值。在核算的过程中，关注企业价值链，因此，它是静态的平衡核算方法。

海尔战略—价值财务关注的是表外的资产，并锁定用户和员工的价值，以用户和员工合一的价值最大化为战略方向，通过共赢增值表事先算赢，先有高竞争力的单，再吸引链群小微自建组织，以链群合约和创客所有制、用户付薪的指导原则来算赢订单。因此，战略—价值财务是先谋胜，再谋战的。

战略—价值财务在组织上也变成了生态非线性网络组织，以适应链群小微的财务服务需求，它融入产业链群中，与链群小微一起面对用户，可以时刻关注价值流，实现动态的战略损益平衡，并以此来做出战略决策，并在实践中不断优化决策，最终实现用户、链群和自己的市场增值。

传统管理会计的静态核算方法犹如"看后视镜开车"，而海尔战略—价值财务不一样，它是在探照灯、防雾灯的协助下，不仅要求驾驶者有好视力，更要求驾驶者进入拥有好视野的空间里驾驶快速行驶的车辆。

海尔拥有中国家电领域最大的零售和分销渠道——海尔专卖店，海尔称之为场景体验店。从它开始打通线上、线下、移动端多个渠道，由"渠道"转变为"触点"，搭建起数字化营销平台，实现物联网生态化转型。

转型后的海尔场景体验店也遇到了前所未有的挑战：由于规模小，无法和银行、支付宝等平台议价，手续费每笔高达6‰；由于信用低，所以申请的贷款利息高、额度低；专卖店谋划向线上转型，但用户希望像淘宝一样根据收货、用户评价决定专卖店能否收款，以保证自己的利益和资金安全。

海尔大共享平台收付小微的创客张玲，在人单合一模式的驱动下，看到了创造用户价值的机会。她首先拿出了预案：以智家商城为切入口，将海尔集团对内的结算平台搭建为对外、对终端的资金聚合结算中台，如果专卖店的业务能够启用这个结算中台，很多痛点都能迎刃而解。

有了预案，张玲自主组织收付小微形成创单链群，与大共享平台的数字技术小微并联合作，通过高增值高分享吸引更有经验的外部团队，共同攻克技术难题。作为中台"受益方"的海尔智家主动要求链入，成为体验链群。就这样，易付宝链群应运而生。

在搭建中台的过程中，海尔智家商城作为业务前台积极响应，与收付小微共同梳理业务逻辑，提供业务资源接口，根据业务特点，不断摸索与升级，整个链群共同理场景、塑模型、落系统。

经过一年多的努力，2019年底，智家App作为海尔集团35周年最棒的生日礼物上线了，其背后的结算中台分为3个业务场景——收、存、管，不仅体验感好，而且高效、安全、财务成本低。这个线上线下一体的场景体验店立刻刷遍了大家的朋友圈。

从用户角度看，资金聚合结算中台并没有改变用户的支付方式，而是将用户通过银行卡、支付宝、微信等结算方法支付的钱聚集起来形成一个庞大的资金池。进入资金池的资金在沉淀中可获得2%的利率；收付小微利用资金池聚合的优势，与银行、支付宝等结算机构议价，为智家专卖店赢得了手续费从每笔6‰降到3.2‰左右的成果。

与此同时，结算中台的搭建带来的不仅是手续费的减免，最重要的是它背后牵动了零售的转型。原来专卖店的资金数据不畅通，货款收付情况靠手工清算，有多少产品收款了、送货在途了、送达了、需订货了……种种数据，记性再好的店长也不能立刻说清。向总部订货靠的是预估，很可能出现库存积压。但结算中台的建成能使资金数据实时传输，进账、出账、物流状态等实时显示，实时掌握盈亏状况。

以前集团只能掌握专卖店的信息，现在还能够掌握零售用户的信息。能够集中沉淀交易数据，通过完整的数据仓库，支持各业态数据整合分析，通过大数据分析各地域、各门店的销售情况和用户信息，为专卖店主提供个性化的销售和进货建议，为业务决策提供有力依据，大大压缩了库存成本，提高了资金周转效率。

用户的满意才是真正的用户增值。场景体验店的负责人认为，这个结算平台有四点优势：第一，结算中台是合规化的，资质许可单靠智家可能拿不下来；第二，能对接的资源更多了，以前可能只能对接几家银行，现在能够对接多家银行；第三，中台使智家商城的效率提升了；第四，节约了很大的技术成本、硬件成本和数据储存成本。

当然，张玲和她的创客们由用户付薪驱动下的创单链群拿到了增值分享。张玲后来说："没有人单合一机制下的财务转型，我怎么有机会能拿到用户的增值。"

易付宝链群创客张玲的故事充分说明了一点：财务可以不再是坐在办公室里的职能部门，它完全可以走出去和用户交互，用财务技术和知识来创造用户价值。

物联网时代，财务管理的转型升级势在必行，"看后视镜开车"的财务核算时代已经过去，诚如张玲所言："消失了财务中层，崛起了财务中台……"

第九章 人单合一的薪酬体系

导　读

企业管理中出现的所有问题最终都可以归结到激励体系上，也就是薪酬体系上。人单合一管理模式也不例外，它的变革以用户付薪和创客所有制为激励导向。

传统企业的薪酬大体上可以归结为两种。第一种是宽带薪酬，根据职位和能力划分不同等级的薪酬，第二种是委托代理激励薪酬，委托人是股东，代理人是职业经理人，这种激励方式俗称"金手铐"，但激励目标只聚焦少部分人。这两种激励机制产生的驱动力都是他驱力。

海尔人单合一模式的薪酬体系，是用户付薪和创客所有制的自驱力，这有别于传统企业的激励方式。

因此，从广义上来讲，人单合一的薪酬体系就是分配体系，因为海尔的创客是自己给自己定薪，最终用户付薪，薪酬权也是分配权。

第一节　海尔宙斯模型第四象限

本书在第四章第二节介绍的宙斯模型第四象限是"与利益攸关方分享价值"，其本质就是薪酬体系的设计，也是分配体系的设计，见图 9-1。

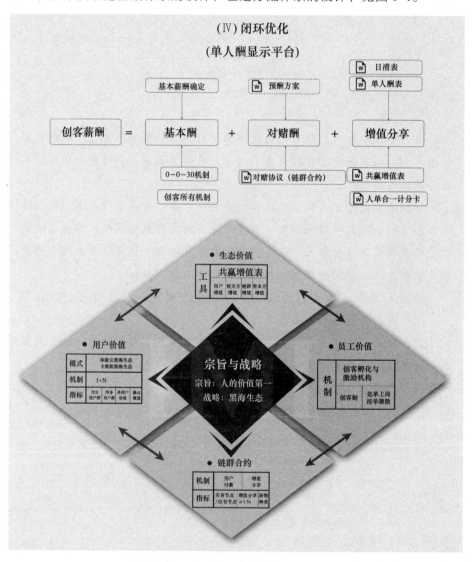

图 9-1　宙斯模型第四象限为闭环优化机制和单人酬显示平台

宙斯模型第四象限的内容还包括闭环优化机制和单人酬显示平台。宙斯模型四个象限分别代表了"目团流机"（目标、团队、流程和机制），第四象限既包含了薪酬机制，也包含了"目团流机"的优化。如果预实零差为正值（有正差距），就必须从目标、团队、流程和机制上再次寻差、找差，最后关闭差距。

海尔的薪酬表原称为人单酬表，由于小微组建是自主的，先有高单，吸引来高人，于是后来又称"单人酬表"。单人酬显示平台即单人酬的机制和核算体系，因为有线上自动生成的系统，可以即时显示单人酬，故称为"单人酬显示平台"。

第二节 海尔链群的分配原则

海尔链群的分配原则是基于链群的"四自"原则、用户付薪和创客所有制，在这些机制的基础上，海尔链群中的小微在一个目标和实践维度上彼此承诺，这个承诺就是本书前面章节提到的"链群合约"。

链群合约实质上是一种契约，为不同利益主体的小微及利益攸关方约定权责关系。链群合约从链群主提出用户需求及底线目标开始，其他小微成员拿出自己的方案抢入链群满足用户需求。整个链群动态调整，如果链群成员不能实现自己提出的承诺或者完成度不被其他成员认可，那么他就会被移出链群；如果链群成员能够超出预期，更好地满足用户需求，整个链群以及创造增值的成员就可以获得更多的分享空间，并且分享是根据链群组建之初约定好的比例进行分配。

与之前小微间签订契约对彼此负责不同，链群合约签订者对整个链群目标负责，可以对链群成员提出建议或意见并进行评价。

海尔链群小微及创客在运营过程中，分配原则没有改变，但执行机制和方式方法不断优化，前后共进行了四次迭代和优化。

第一阶段，小微要以用户付薪为激励机制，改变传统的企业付薪和岗位付薪，只有为用户创造了超值体验，才能分享价值。

第二阶段，员工与企业之间突破了传统的雇佣关系，变成合伙创业的关系，基于用户付薪的原则，动态合伙人机制能够动态优化传统的股权激励，按照为用户创造的价值，动态地进、出、升、降，避免了一旦拥有股份就失去创新动力的弊端及激励对象的短视化倾向。

第三阶段，对赌跟投机制是动态合伙人获得激励的准则，动态合伙人以对赌跟投实现超利分享，在达成对赌目标的情况下，才可以获得超值分享。

第四阶段，自创股份机制是对赌跟投机制的进化，实现对赌跟投的动态合伙人通过企业上市成功获得企业的股份，成为自己的 CEO。

　　"海尔牌"烤鸭的故事并没有结束，他们实现了生态收入后，在用户付薪和创客所有制的驱动下，张瑜和他的小微们激情四射，他们又有了更高的目标。

　　张瑜的智慧烹饪链群根据平台、厨师、养鸭人价值贡献的不同，事前约定好分享比例。每卖出一只烤鸭，海尔智家平台、厨师张伟利、养鸭人分别可拿到利润的 2%～6%，剩下约 15% 的利润归链群，在这 15% 的利润中，有约 6% 作为增值分享空间，分给链群各节点创客，约 9% 的利润，留作链群后续发展。

　　因为分享比例都是事前约定好的，所以每个节点都可以在事前清楚地认识到自己达成目标后可以获得的分享。很快食联网智慧烤鸭和鸭胚在海尔智家 App 上线，并出样到 3000 余家海尔专营店销售。商品上线后，烤鸭在一个月内卖出 20000 只，实现 400 万元的生态收入，收益翻倍。张伟利也成功获得 57906 元的增值分享，截至 2021 年 3 月张伟利预计能获得 15 万元以上的分享，链群中也有包含杭州制冷小微等 7 个节点获得相应增值分享。

　　2020 年 11 月 5 日，张瑜以房子做抵押贷款，跟投了 100 多万元，整个链群 18 人共出资 210 万元，成立了独立法人公司——青岛食联网科技有限公司。

　　张瑜的智慧烹饪链群因为达成了预期的增值目标，而增值分享即时兑现，链群的"目团流机"在宙斯模型里形成了闭环优化。小微和创客的积极性被空前调动起来，完成目标后智慧烹饪链群仍不断进行用户迭代，但这次的目标不再局限于一只烤鸭，而是开发更多美食菜品，一只烤鸭带来的食联生态迭代由此拉开帷幕。

　　2020 年 12 月 16 日食联网在青岛召开第一届美食开发者大会，大会结束后，智慧烹饪链群决定联合 9 位厨师，整合了 23 个生态方，开发了具有北京、山东、福建、广东、四川等不同地域特色 16 道新菜，组成将近 10 个组合的"年夜饭套餐"。2021 年元旦，年夜饭套餐开始预售，仅用一个月时间，年夜饭套餐便售出 15000 份，创下新的行业纪录。

　　如果按一个家庭三个人算就有接近 5 万人吃到了食联网的年夜饭。截至目前，智慧烹饪链群已经吸引包括惠发集团、欣和食品、涵睿食品、新希望六和等上百位生态方和上百位大厨进行美食共创。链群良好的表现也赢得了众多风投的关注，智慧烹饪链群也在 2021 年 6 月制订出第一份融资计划。

　　显然，张瑜链群的分配原则已经开始向第四个阶段进军——成为对赌跟投的动态合伙人，通过企业上市成功获得企业的股份，成为自己的 CEO。

第三节　海尔薪酬的五张表

海尔薪酬体系和传统企业的薪酬体系有很大的不同，它是在用户付薪和创客所有制基础上的薪酬体系。

根据我的研究和实践，认为海尔薪酬需要五张表：共赢增值表、人单合一计分卡、对赌协议、日清表和单人酬表（见图9-2）。

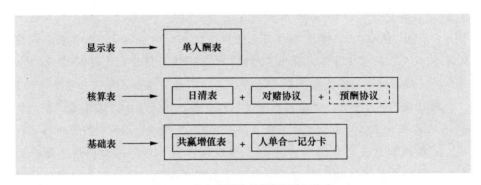

图 9-2　海尔薪酬体系所需要的五张表

图9-2所示的表格中，基础表格和核算表格是薪酬分享的基本依据和基础，蕴含着薪酬计算的基本逻辑。

基础表格为共赢增值表和人单合一计分卡，共赢增值表是对创客所在链群组织的绩效评估，而人单合一计分卡可以显示链群所经营的场景行业所在的竞争力位置，即：生态覆盖行业的进度、深度和广度，这在第四章第四节中已经介绍。人单合一计分卡主要是对链群的阶段性目标进行透视，保证链群在生态样板复制、行业覆盖和共享平台建设上做到预实零差，以保障链群的目标薪酬达成。

核算表格为日清表和对赌协议，对赌协议没有到期的可以参阅"预酬协议"，也就是链群自主建立时创客抢入链群的预酬方案，它是一个备用表。

显示表格为单人酬表，它也是薪酬最终的呈现形式。

　　海尔薪酬体系的五张表比较清晰地对"用户增值和员工价值贡献"进行精准衡量。这种衡量基于两个前提：一是用户增值和员工价值的概念界定，二是用户增值和用户分享的函数关系，这些都在实现约定的"链群合约""预酬方案"和"对赌协议"里做了清晰的界定。共赢增值表则对与薪酬密切相关的 6 个要素和统计方法做了澄清和逻辑上的进化。

第四节　海尔单人酬账户组成

在实施以小微为基本运作单元的平台转型后，员工成为创客，可以在企业平台上创新、孵化、成立小微公司，发展自己的用户群体。这代表着创客"成为自己的CEO"后，薪酬不再由领导决定，而是由自己的用户决定，用户成为其薪酬的来源。这种主体对等的价值分享模式以及小微拥有的高度自主经营权，有效地驱动了小微的自进化和自发展，激发了小微员工的积极性。

在这种背景下，单人酬的账户组成也发生了很大的变化。传统的薪酬关注当月的绩效，而海尔的薪酬更关注长期的用户体验，不断迭代、升级，直至最后引爆聚焦的行业。因此，传统管理更关注资金，而单人酬账户更关注资产的战略损益，也就是海尔共赢增值表所关注的内容。

海尔的单人酬账户可以分为资产账户、费用账户和薪酬账户，见表9-1。

表 9-1　海尔薪酬账户的组成

子账户	账户内容
资产账户	用户资源、资源方、边际收益
费用账户	生态费用、自挣费用、预留费用
薪酬账户	生态平台价值总量、收入、成本、费用及损失

从表9-1中可以看出：以共赢增值表为主要衡量标准的资产账户主要包含链群经营的用户资源、资源方等资产，它们就是链群的网络价值和生态价值，尽管暂时在薪酬里无法体现，但通过边际收益指标可以预测未来的市场动态和用户体验的迭代趋势。

费用账户增加了生态费用，如果生态费用和生态成本有所提升，在自挣费用或预留费用合理的前提下，费用账户就有盈余可结转。这说明市场的生态化进展是有进步的。

薪酬账户包括生态平台价值总量，利润和增值分享额度、预留再发展的额度等，也包括子项目成本、费用及损失。

薪酬账户是薪酬体系的显示账户，它和费用账户、资产账户不是线性的加减关系，它们都是单人酬账户的子账户，它们之间有互动关系。它们之间的关系如图 9-3 所示。

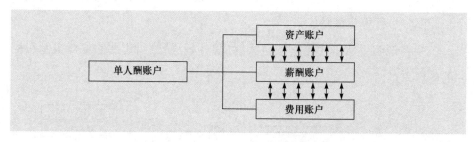

图 9-3　单人酬账户的三个子账户之间的关系

人单合一薪酬体系中的资产账户是海尔管理变革的一个特色，我们通过一个案例来看资产账户中的资源方的界定。

2020 年年初，突如其来的新冠肺炎病毒疫情在武汉肆虐。作为新冠肺炎救治定点医院，武汉市第三医院抗疫救治工作量巨大，在防疫救援物资严重短缺、医务人员生命健康受到严重威胁之时，模块化医疗隔离舱成为急需。

在了解到医院的需求后，海尔卡奥斯联合各生态资源组成行业联盟，经过努力，最终一批由卡奥斯联合海尔智家、和吉家居、同济绿建、中冶天工集团等生态资源定制研发的智慧医疗隔离方舱送达武汉第三医院，共同完成智慧医疗隔离方舱的免费捐赠。由此可见，创造价值的合作过程是生态系统的关键，而非只是平台。

在上面的案例中，生态合作伙伴海尔智家、和吉家居、同济绿建、中冶天工集团等生态合作伙伴就是资源方，品牌有生态吸附力，可以吸引更多的合作方，你的资源方账户就增值了。

第五节　海尔单人酬薪酬组成

在上一节讲到的海尔单人酬账户组成后，单人酬各子账户的内部逻辑关系就有了清晰的脉络。但单人酬的账户组成只是对单人酬薪酬的来历做了说明，在实际操作中的薪酬核算方法，必须有线性的公式，这就要求单人酬各个组成部分必须界定清楚。

图9-4说明了链群中创客的薪酬组成，以及薪酬所需要的保障机制和相应的核算工具。

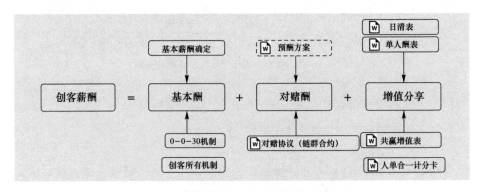

图9-4　创客薪酬的组成及保障机制和表格工具

创客的薪酬由三部分组成，分别是基本酬、对赌酬和增值分享。图9-4还列出了每一个薪酬组成部分的保障机制和所需的表格工具。表格工具用"W"图标做了标识，而没有标识的为保障机制。

首先是基本酬，其界定来自创客所有制和"0—0—30"机制。"0—0—30"机制的基本内容是：第一个"0"是"0固薪"，达不到对赌目标，有基本的生活保障工资，符合劳动法的规定；第二个"0"是"0费用"，只有形成业务流水，才会有预算费用；"30"指把薪酬的"30%"放进风险池进行对赌。

基本酬也有一个标准，它根据覆盖的用户资源不同区分：行业主、平台主、链群主、小微主、创客等，基本薪酬根据他们拟创造的用户价值确定。

其次是对赌酬，员工承诺实现第一竞争力的目标，平台主、小微主为创客提供事先算赢的资源，承诺流程、机制都到位，并设计预酬方案，签订对赌协议。对赌酬是预酬的表现方式，是为用户创造价值，为企业带来增值，员工实现自身价值，实现共赢后带来的增值分享的预期契约薪酬。没有对赌协议或对赌协议没有到时间节点的，以预酬方案中的约定方法兑现。

最后是增值分享。共赢增值表从用户资源、资源方、生态总价值、收入、成本、边际收益六大一级指标显示链群经营状况，是单人酬表核算的基础。最后，单人酬表把创客的报酬和为用户创造的价值以事先约定好的合约方式兑现增值分享，单人酬表是创客和链群小微自我经营的最终结果的显示平台。

在单人酬表显示前，日清表的作用是显示之前工作的预实零差情况，差距在日清中就已经体现了，并争取做到日事日毕。没有关闭差距的，就会在实际薪酬中予以兑现差距。日清表是创客薪酬兑现的重要依据。

还以张瑜的智慧烹饪链群为例，平台每卖出一只烤鸭，海尔智家平台、厨师张伟利、养鸭人分别可拿到利润的2%～6%的分享，这个分享就不是对赌酬，而是预酬方案中的约定。当然，链群也可以根据各自承诺的目标签订对赌协议，那么相应的分享比例会在2%～6%中选择一个高档，这个分享就是对赌酬了。

链群所得到的15%的利润中约有6%作为增值分享，分给链群各节点的创客，这部分分成给各节点的比例是事先约定好的，也就是按照预酬方案和链群合约来进行设计，在小微抢入链群的时候，这些约定的比例就已经各自协商好，并在系统中自动显示。

约9%的利润是链群后续发展的准备金，这个公共资金也需要各用户小微和节点小微共同商讨决定，充分体现了小微和链群的自主经营。

后来张瑜和其他链群创客共18人成立了青岛食联网科技有限公司，未来的对赌酬和增值酬是这样的：作为动态合伙人的张瑜以对赌跟投实现超利分享，在达成对赌目标的情况下，才可以获得超值分享。如果公司上市成功，张瑜就可以获得事先约定的股份，这是他的"自创股份"，他就真正实现了创业者的梦想。

第六节　三种薪酬模式比较

企业中的薪酬的设计一般是三种模式。

第一种是职位薪酬，按照职位来确定员工薪酬水平，例如科员、主管、经理、总监、总经理等，一般要设计若干档，每档又设计若干的等级。为了让长时间没有职位晋升的管理者在工资上还有上升的空间，还辅助实施了宽带薪酬。这种模式下的薪酬组成为：级别工资＋绩效工资＋福利津贴。

第二种是能力薪酬，例如根据资历、资格和贡献，对薪酬的等级进行分类，例如高级工程师、中级工程师和初级工程师。这种模式下的薪酬组成为：职称工资＋绩效工资＋福利津贴。

第三种是混合模式，既体现级别，又体现能力，一般的薪酬组成为：级别工资（职称工资）＋绩效工资＋市场提成＋福利津贴。

第三种模式中的市场提成部分体现了和市场效益的挂钩，但只有业务部门有这部分薪酬，其他的非业务部门很难实现和市场业绩的挂钩。为了平衡薪酬，一般企业的做法是在设计年底年终奖，年终奖的总额和企业经营利润挂钩。这种情况仍然是"吃大锅饭"的企业痼疾，而且年终奖再发到二级部门进行二次分配，又出现了"吃小锅饭"的问题，即便是拿到了年终奖，员工的意见还是很大。

三种模式都是"他驱式"的激励措施，是企业发薪酬，员工被动接受薪酬的设计。海尔的解决方法是"自驱式"设计薪酬，实施用户价值付薪，结合创客所有制和链群合约的指导原则，让员工的薪酬自己说了算，也就是海尔常说的"我的用户我创造，我的增值我分享"。

海尔单人酬其实是第三种付薪方式：用户价值付薪。三种付薪方式的用表 9-2 进行比较，很容易看出用户价值付薪的设计初衷。

表 9-2　三种薪酬模式的比较

维度	比较		
	职位薪酬	能力薪酬	用户价值付薪
付薪原则	职位等级	能力职称	用户价值
付薪主体	上级领导	上级领导	用户
付薪导向	以股东第一	以股东第一	以用户和员工第一
激励驱动	他驱动	他驱动	自驱动
满意的保健因素	薪酬和福利	薪酬和福利	自定保健因素
满意的激励因素	领导肯定，成长空间	学习和能力提升	自己本身就是 CEO
薪酬状态	静态	相对静态	动态
薪酬工具	360 度评价、KPI	BSC（平衡计分卡）、KPI 等	共赢增值表和单人酬表等
适合企业	传统企业	技术类企业	物联网转型的企业

海尔单人酬解决了企业的一个难题：薪酬自己决定，薪酬的机制老板来定，而这个机制是用户价值付薪，老板把机制交给了用户。这绝不是一刀切，而是让员工在"价值源头"上自主决定。

海尔单人酬是基于用户价值付薪的，它能解决企业和员工在薪酬设计方面的博弈心理，薪酬不是此消彼长，而是共创共赢。海尔在创业初期有个"源头论"，认为"大河有水小河满"是不对的，应该"小河有水大河满"，希望每一个员工都是"活水源头"。现在看来，用户价值付薪就实现了这一愿景。每条小河如涓涓溪水，成就了浩渺无垠的大海。海不与溪水争流，却让每一条溪流拥有了更为宽广的奔涌空间。

第七节　管理透视之薄伽梵歌里的劝勉

我在全国各地授课以及受邀在天津卫视录制职场类节目，见过的职场"倦怠者"不在少数。"90后"和"00后"成为职场的主力军，他们在职场需要认可，需要关怀，需要最大限度地发挥自己的个性。其实，无论哪一代的职场人，他们都需要赫斯伯格所说的"激励因素"，因此不应该给这些年轻人贴上时代的标签，仿佛只有这些年轻人更希望工作中的"心灵和行动的自由"。所有年代的工作者和劳动者都需要一个可以让自己成为"自主人"的平台，这是人的本性使然。

在海尔内部的会议上，张瑞敏常引用印度教圣典《薄珈梵歌》中的一句话："人不应该为了外部的赞誉而工作，因为工作本身就是奖赏。"张瑞敏引用这句话的本意是：海尔人单合一为所有的创客打造了一个可以发挥自我创造力的平台。但时间久了，也会滋生"懈怠"。同时，人单合一把企业的三权让渡给了小微和链群，原始的激情被释放出来，但仅仅有创业激情和原始动机还远远不够，因为自主创业遇到的困难更大，你要对用户负责，对自己负责，面临的压力不亚于科层制度下"听从指挥"的执行者。

这大概也是学习海尔人单合一管理模式的企业家们的疑问：海尔的创客的自主性、自律性和创造性怎么那么高，他们没有懈怠的时候吗？

张瑞敏给出的答案是持续"保持自驱力"。简单总结为两点，一个是珍惜自己的工作，第二是遇到困难时，要做自己的心理医生。

人单合一机制下的小微链群和创客的自主性很强，但自主性也会带来困扰：战略决策要精准，否则就会遇到困难；当创业进入深水区，别人给你的可借鉴经验就更少了，因为你本身就在引领一个行业。这时候，持续的自驱力尤为重要。

为满足 GEA（美国通用白电）的多门冰箱紧急订单，18 个月内要建成一家全球领先的高端超大型冰箱智能制造基地。行业内的正常速度是 24 个月建成一家智慧工厂。但人单合一模式下，用户倒逼内部的小微链群，否则用户为什么要选择你。

小微立刻组建，与时间和用户的需求赛跑。王相军、周玉霞和新抢入的创客小路组成了有预案、预算和预酬的小微，并且以链群合约的方式邀请其他小微并联到链群中来。

工厂建设初期，正是炎热的夏季，室外温度高达 40℃，工地内道路泥泞不堪；到了冬季，厂房一半封顶，另外一半还露着天空。天空的雪飘下来，和着飞扬的尘土，让人望而生畏。恶劣的环境并没有让他们退缩。

"也有想不开的时候，但想想用户的信任，就想开了，创客们彼此鼓励，自己默默给自己加油。"链群里的一位创客说。

慢慢地链群创客们创造了奇迹。18 个月，一片荒地变成了一座现代化的智慧工厂，来现场参观的美国用户连连称赞：这就是中国速度，也是海尔速度。这些用户后来补充说，美国通用白电在海尔模式下，一定会焕然一新。

"听到用户的评价，内心的自豪感和成就感让大家兴奋不已。我知道'工作本身就是奖赏'这句话的真谛了！"

用户的评价就是最大的奖赏，而这种奖赏不是为了赞誉，而只是珍惜用户赐予的工作机会而已，这大概是《薄伽梵歌》里那句劝告赓续传承的理由吧！

第十章 ▎人单合一的关差体系

导 读

　　人单合一关差体系是七个体系中最有特色也是最容易复制的，它横贯宙斯模型的第三、第四象限。第三象限中的161预算机制、三预机制（预算"金三角"）、预实零差，以及第四象限中的日清体系、实际薪酬的关差等都是关差体系。

　　企业管理变革不可能一蹴而就，不怕有新问题出现，怕的是老问题重复发生。关差体系就是在体系和流程上关闭差距，使重复发生的问题得以杜绝，而新问题出现是让机制和流程持续迭代升级的机会。

　　人单合一管理本身就是基于动态环境的动态管理模式，它在发展过程中不断地迭代方法和工具，例如宙斯模型是战略损益表1.0，后来升级为共赢增值表2.0，人单酬表升级为单人酬表，日清表升级为电子日清表，链群合约升级为线上链群合约平台。而工具和方法升级的过程也是关差体系逐渐完善的过程。

　　人单合一关差体系的管理逻辑来自戴明环，就是俗称的"PDCA"，一般被管理者简称为"闭环优化"。

　　人单合一关差体系的目标是使目标、团队、流程、机制、薪酬等都能做到预实零差。

第一节　海尔宙斯模型第三四象限

本书在第四章第二节介绍的宙斯模型第三象限是同一目标下在时间维度上的承诺与流程，要做到预实零差；第四象限是与利益攸关方分享价值，其本质就是薪酬体系的设计，让用户价值分享预实零差，宙斯模型四个象限得以闭环优化，见图 10-1。

宙斯模型第三象限和第四象限聚焦的关差体系包括日清体系、三预机制、显差方法等。海尔要求在流程和机制上保障链群小微运营效果预实零差，因此海尔的关差体系是即时关差体系，是防患于未然，或者"治病救人"（事先预防），而不是"死后验尸"（事后算账）。

海尔关差体系是从"果"找"因"，从"因"上，也就是机制、流程上关闭差距，这样的关差方法可以杜绝问题的重复发生。

在海尔的发展历程中，每月召开的 8 号会，在企业管理界曾风靡一时。在这个会议上，从市场的数据上找观念的差距，找高级经理人的"念差"，只有高级经理人的"念差"关闭，从管理干部到员工才可能有正确的经营价值观。那时把"关差会"称作"调频会"或"协同会"，只有所有人的思维在同一个频道和维度上，才会思行合一，同频共振。

后来每周六的"关差会"，以及例行的"样板会"等，都是海尔"关差"的创新方式。

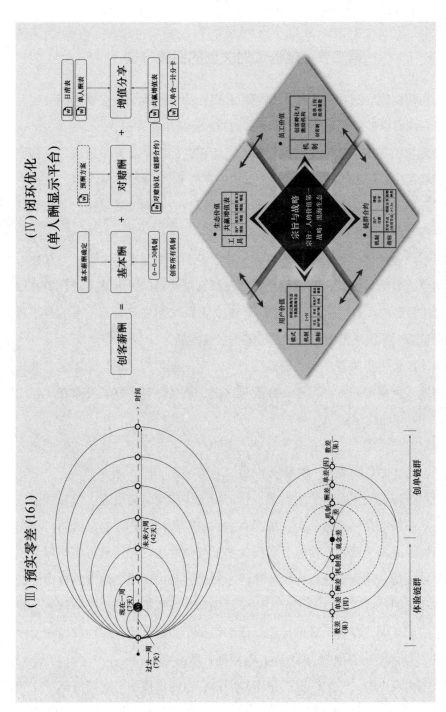

图 10-1 宙斯模型第三象限的预实零差，第四象限的闭环优化机制和单人酬显示平台

第二节　链群即时关差的四表一轴

共赢增值表、日清表、单人酬表和 E2E 报表是链群即时关差的四张表，而链群合约纵横轴的交互作用，也能即时显示链群小微的差。

共赢增值表由宙斯模型迭代而来，它所包含的六个要素是透视一个链群生态进展和生态成果的指标体系。链群内的财务节点（融入财务）和"三自"平台中的财务小微会把链群的六个指标按照周清的原则来做显差，并在系统中提醒各节点小微及时关差。

日清表是让创客每天和日表对比，找到差距，做到事不过夜，与其他小微中的创客咬合、协同，跟上整个链群在预案中的对赌时间节点。在第九章第七节中讲到的多开门冰箱智慧工厂建设小微 18 个月在平地起高楼的故事就是每日日清，即时关差做到了预实零差的经典案例。

单人酬表也是关差体系中的重要一环，单人酬中的"酬"如果达到或超越了预期，就是零差或者负差，而没有达成，就是正差，需要回来在"目团流机"体系内再优化。

海尔集团采用 E2E 报表体系，即线上电子商务与线下实体相结合的报表模式，它也是关差体系的一种报表形式。

海尔把传统三张报表（损益表、资产负债表和现金流量表）跨界融合，将每天的三表结合到一起分析，数据互联。各个部门与行业的小微将自己每天的销售、成本、营收、利润全部列入 E2E 损益表中，然后通过实行零应收下的现款现货，将每天的库存也计算到小微的损益中，最终通过分析得出各个小微每天的价值贡献以及正负，而且具体到人，这个结果会统一到最后薪酬体系的闭环中，直接与薪酬挂钩，使得每个小微都会尽可能地保持正价值贡献率，实现以创造用户价值为中心的管理转型。

关差体系中的"一轴"说的是可以用链群合约纵横图来关闭链群产出的

用户价值的差距。创单链群中的制造小微对零缺陷负责，体验链群中的商圈小微对零库存负责。创单链群和体验链群构成了物联网模式下的纵横匹配，创单链群为横轴，体验链群为纵轴。用户体验从成套家电的一致性、场景方案的互联性、家居生态的整体性到智慧家庭的迭代性步步升级。纵横轴互相作用，即时显出各小微的差，关差的切入点不是产品而是机制，关差的路径不是靠自上而下的考核、奖罚，而是增值分享。

链群即时关差体系所包含的"四表一轴"如图10-2所示。

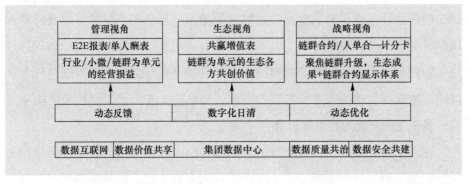

图10-2 "四表一轴"在关差体系中的位置及作用

海尔管理大智慧：关差体系

海尔人单合一管理模式下的关差体系非常有借鉴意义。关闭和目标的差距需要找到产生差距的根本原因，海尔的做法是用"四表一轴"来显差并关闭差距。

海尔关差的方法是必须找到"因"，从机制上找本质原因，而找"因"的过程是自下而上，从增值分享上找，也就是从"酬差"上找，以帮助创客最终拿到增值分享的目的，这样"关差"就是自主的、自驱的，不是被动的。

第三节　数字化日清设计方法

日清是海尔成功的"传家宝"。我在企业家课堂上做过多次实验，问大家对海尔的印象，根据 300 多个企业家学员的现场调研样本，印象标签前四位排名是：砸冰箱、日清管理（OEC③ 全面管理的一种方法，日事日毕，日清日高）、海尔创客（人单合一）和海尔售后服务有特色。

海尔日清管理法影响了中国企业管理的升级，海尔对社会的贡献首先不是家电产品，应该是海尔创新管理模式的输出。这个观点是世界企业管理界和中国企业管理界的共识。

随着人单合一管理模式的推进，海尔日清管理方法也在不断迭代升级，以适应物联网时代生态品牌发展的需求。传统的手写日清，到后来的电子日清，现在已经升级为数字化日清。

在人单合一模式下，数字日清成为创客们的显差工具，关差方法是在大数据驱动下的数字化管理工具，与海尔的 E2E 报表体系、单人酬表、共赢增值表等报表显示系统的关差平台融为一体，见图 10-2。

数字化日清的设计目的分为"单"日清目标和"人"日清目标。"单"日清目的是驱动吸引人主动承接，并把"单"的任务分解；而"人"日清的目的是任务进度在节点时间内可以自主控制，并做到关差闭环，见图 10-3。

数字化日清包括小微日清、链群日清和创客日清，我们以创客日清来说明数字化日清的设计方法。

---

③ OEC 管理法也被称为"全面管理控制"方法，即要做到"事事有人管，人人都管事"，后来升级为"事事有人管，人人都创新"。"OEC"是以下英文字母的缩写：Overal（全方位，全面），Everyone（每个人），Everything（每件事），Everday（每天），Check（检查），Control（控制），Clear（清理）。OEC 管理法有"123346679"管理体系，分别为：一个基本思想，两个基本方法（目标分解和日清管理法），三个支撑体系，三个基本原则，四个闭路循环，六个区域分解，六个账表形式，七项考核内容（针对生产），九个落实要素（5W3H1S）。由于 OEC 管理法是科层制时代海尔的管理方法，已经被海尔人单合一模式迭代为数字化日清。

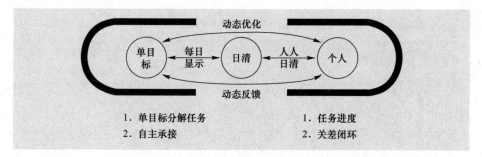

图 10-3 人单合一数字化日清的设计逻辑及目的

第一步，设计日清表所包含的内容。由于数字化日清已经实现了线上平台操作，日清表的内容是指创客在抢入链群时的预案中所决定的主要节点目标，这些承诺目标就是创客在日清表中所要体现的日清目标。

第二步，把日清表内的总目标按照链群合约、对赌协议等机制，进行节点时间的分解，并与其他创客并联资源和确定任务进度。

第三步，根据总目标和目标分解，链群合约系统自动生成日清报表格式，创客每日按照实际情况日清。

第四步，链群和小微中的每个创客可以互相看到日清内容，可通过追加评价进行互动。

第五步，链群主或者小微主对创客日清评价和互动，以提高创客每日自审查自驱动意识。

第六步，创客日清自动生成小微的日清，小微日清自动生成链群日清。

人单合一数字化日清的目的是为了显差和关差，根据创客的日清动态反馈，可以把创客的绩效进行显差，图 10-4 是创客日清汇总后的显差图示。

人单合一数字化日清，从创客开始到小微，都要进行日清的提报，以做到以创客 / 小微为基本单元，全节点对赌数据的实时性、准确性、唯一性以及可追溯性，保障链群 / 小微的运营自驱显示以及持续升级、迭代。

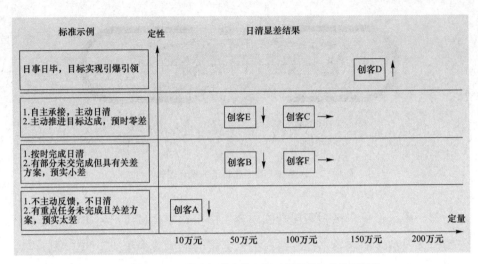

图 10-4 人单合一数字化日清对创客的显差结果图示

小微链群根据日清汇总，自主进行周评总结，对赌协议书中约定的各节点承诺数据 100% 及时交付，拖期节点闭环，认损到人。

海尔数字化日清体系的升级，使日清管理工具做到与时俱进，积极支撑海尔生态品牌发展战略阶段的稳健发展。

第四节 关差三步法和五部曲

人单合一的关差体系分为三步，即显差、找差和关差。人单合一关差体系的三步法顺序不能颠倒，是一个完整流程。

显差：在"单"完成过程中及时通过日清发现差，这个差通过四色预警和排序的方式显示出来。但这个显示的差只是"果"的层面，要倒逼在"因"的层面找差。

找差：通过"数差—单差—酬差—机制差—观念差"的流程，将差的"因"暴露出来的过程叫作找差，"三自"平台将差定位到人，并警示责任人，及时关差。

关差：差的"因"被找出来之后就要及时由果溯源，找出解决差距的方法，关闭预期与实际的差距，做到预实零差。如果期限没有关差，责任人就会被散出或单被解散。

关差体系三步法可以用图示简单表示，来说明先后顺序，见图10-5。

图10-5 关差体系三步法的先后顺序

根据找差的五个步骤，就可以找到差距背后的"因"。在链群中，这五个"因"就是从体验链群和创单链群各自找差的过程，体验链群做到和用户零距离，因此要零库存；创单链群要保质保量按时交付场景方案，因此要做到零缺陷。我把找差和关差的五个步骤称为"五部曲"，见图10-6。

找到了差距的"因"，关差的方法也就很容易找到。在表10-1中，我整理了显差、找差和关差所用到的工具，以及关差方法。

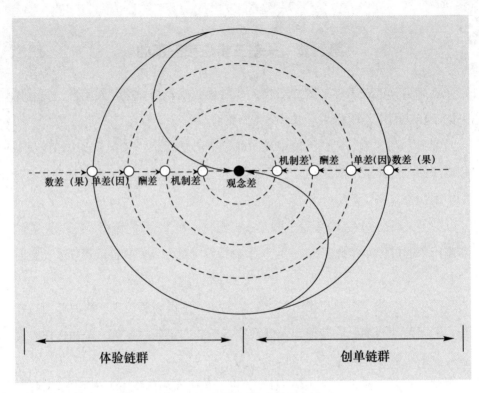

图 10-6　链群关差五部曲示意图

表 10-1　显差工具、找差和关差工具及方法

序号	显差工具	找差	关差方法
1	日清表、共赢增值表、单人酬表、E2E报表	数差	找出量的差距、161预算滚动关闭
2	链群合约纵横轴、网络价值、创客所有制	单差	找出单的差距、链群合约优化、进化
3	人单合一计分卡、日清表、单人酬表	酬差	找出酬的差距、倒逼机制和流程优化
4	人单合一战略地图、创客所有制	机差	找出机制差距、自动进化
5	周六例会、专题样板会	念差	找出观念差距、自动驱动

在"关差五部曲"中，"数差"是指量化的指标，它属于"果"的层面，

例如收入和成本,"数差"背后一定是"单差",也就是链群合约中的"生态单",它的差距主要在链群合约中的各小微之间的无缝协同、职责细分、任务进度等。

"单差"可以找出"酬差"的"因",主要为各小微节点的利益分配比例、约定的增值分享、对赌协议等。"单差"的背后一定和薪酬有关。

"酬差"可以找出"机制差"的"因",例如链群合约中的一些设计原理与执行流程,机制也可以迭代升级。"薪酬"的背后是机制使然。

"机差"可以找到"念差"的"因",这是关差体系中最核心也是最难的一项关差,也就是关闭人单合一中"人"的观念差距。有什么样的观念就有什么的机制,"观念改变,天地皆宽"。

这是关差五部曲的步骤。但是创客在具体的实践中是反着来的:当创客抢入链群后,要和链群的价值观一致,做到和其他小微创客同心同德,按照链群合约机制做出节点承诺,并签订预酬协议,积极和用户交互,满足用户的场景和生态需求,把"单"保质保量交付到位,用户自然会"用户付薪",市场业绩的"数"就会预实零差,而薪酬也达到预实零差。

海尔管理大智慧:
日清口诀

　　日清是关差体系中的重要工具,它可使差距在当日即显示并找出关差的路径。海尔问题研究专家曹仰峰博士总结出日清口诀,并总结为海尔日清体系的洋葱模型。简单来说,就是:清果,清果关差;清因,清果究因;清体系,清点带面;清战略,清下联上;清理念,清事塑人。本书的观点"数差、单差、酬差、机差、念差"和曹博士的观点和逻辑是一致的。

第五节　链群的四色动态预警和排序

链群在"四自"原则下竞选出链群主后，链群主发布链群节点相对应的"单"和分享，吸引成员抢入，"三自"平台和其他抢单成功小微节点参与评价，高单高酬择优抢入，最终团队成员由链群主决定。

链群建立以后，其运营过程中的"显差"是通过创客日清、小微日清来显示出最终链群的日清。链群日清的评估是由"三自"平台和平台主来评价和互动的。

链群日清汇总为周清，进行周评价，周清最后形成月评价。从自主经营体时代开始的四色动态预警机制在链群的显差中也被使用。根据链群的运营情况，链群经营平台能够自动生成：绿色、蓝色、橙色和红色预警机制。

绿色是领先节点时间的运行状况，蓝色是基本达到节点时间的要求，黄色是已落后时间节点的运营，而红色是离预期的经营情况距离较大。"三自"平台和行业主要帮助黄色和红色区域的链群向绿色和蓝色区域升级。

链群也根据各小微节点的运营情况，在系统内自动生成四色预警机制，同样创客的经营情况也自动生成四色预警，见图10-7。

我的链群——节点会议 2021-7-26			
融媒体小微节点 李××	横轴目标预：铲平销售科1500元 实：产品销售额300元	节点目标达成进度：95　红区	查看日清
融媒体小微节点 胡××	横轴目标预：铲平销售科1500元 实：产品销售额300元	节点目标达成进度：95　蓝区	查看日清
融媒体小微节点 张××	横轴目标预：铲平销售科1500元 实：产品销售额300元	节点目标达成进度：95　黄区	查看日清
融媒体小微节点 张××	横轴目标预：铲平销售科1500元 实：产品销售额300元	节点目标达成进度：95　绿区	查看日清

图10-7　某小微节点的四色预警示意图

　　链群的运营情况在月度考评例会上也会根据高分享、高增值、高增长和不入库率的预实零差结果，以及"四自"升级指标效果来进行打分排序考评，考评式样（内容非真实数据，仅供参考）见图10-8。

序号	链群	链群主	平台	分类	高分享(吸引力)		高增值(利润率)			高增值(首位度/增速)			不入库率	四自升级				评分排序		
					预	实	预	实	趋势	预	实	趋势		自组织	自驱动	自增值	字进化	评分	排序	趋势
1	A网	王××	生物医疗	★	1.5X	1.7X			↑	>3X	3X	↑	-	●	●	●	●	180	第1	↑
2	B网	荣××	物流	★	1.5X	1.7X			↑	40%	76%	↑	1.4X	●	●	●	●	165	第2	↑
3	C网	巩××	生物医疗	样板复制	1.5X	1.6X			↑	-	独家	→	-	●	●	●	●	160	第3	→
4	D网	汤××	盈康医疗	★	1.5X	1.2X			↓	-7%	-14%	↑	-	●	●	●	●	155	第4	↑
5	E网	杨××	物流	样板复制	1.5X	1.2X			↑	22%	独家	↑	1.3X	●	●	●	●	145	第5	↑
6	F网	刘××	生物医疗	复制有差	1.5X	1.5X			↓	-	独家	↓	-	●	●	●	●	135	第6	↓
7	G网	崔××	物流	样板复制	1.5X	1.2X			↑	651%	265%	↑	1.3X	●	●	●	●	135	第6	↑
8	H网	沈××	盈康医疗	★	1.2X	1.1X			↑	1%	-24%	↑	-	●	●	●	●	130	第8	↑
9	J网	闫××	洗涤	★	1.5X	1.0X			↑	4X	3.7X	↑	43%	●	●	●	●	120	第9	↑
10	K网	王××	制冷	★	1.5X	1.0X			↓	3X	4.8X	↓	53%	●	●	●	●	120	第9	↓

图10-8　各链群考核排序示意图

海尔管理大智慧：三相神的故事

　　张瑞敏对人单合一模式中的链群运营和自我迭代引用了印度教中的三相神来形容。

　　印度教是多神教，有上千个神，但只有三位主神，他们彼此连在一起，被称为"三相神"。第一个是湿婆神，他毁灭万物；第二是梵天神，他创造万物；第三个是毗湿奴神，他是保护神。三相神反映了印度教的核心观念：死亡是重生的开始，重生后再成长，这是一个轮回。这好比是人单合一的创新过程，它必须始于自杀重生。

　　三相神的故事寓意海尔人单合一包括链群组建的三个过程：创造性破坏、创造性重组和创造性引领。

第六节 案例观察：独特的"周六例会"

我长期在企业任职高管，即便是做企业的管理咨询顾问，也一直倡导海尔的高层管理干部频次为一周的协同会管理范式。

海尔的周六协同会，从高级经理人会到行业主、平台主和链群主的协同会、样板会，迭代了多次，但是海尔坚持了近20年，会议的效果斐然，海尔人单合一模式的机制升级和迭代、成功的链群样板复制和张瑞敏很多重要的指导思想，都是在这个会议上产生的。

海尔的周六例会犹如国家的"两会"，只不过"两会"一年一次，而海尔的节奏是一周一次。一周是七天，从七天之内企业的发展变化可以"见微知著"，就可以把闪光点放大，而把不和谐的瑕疵"打磨掉"，使企业的运营能够不偏离主航道，并且在讨论的过程中发现新问题，这些新问题倒逼内部的机制和流程的优化。这就是《三国志·吕蒙传》里所言："明者防祸于未萌，智者图患于将来。"

海尔雷打不动的周六例会，又一次体现了海尔的"7"字情结。

根据我的研究和实践，我认为海尔周六例会的定位有五个，分别是战略会、思想会、关差会、共享会和造势会。

一是战略会，也是方向会、目标会和机制会。

海尔周六例会是从CEO、总裁、副总裁到行业主、平台主、链群主、部分样板小微、部分接口创客都参加的会议。

一般人认为，战略会是高级管理干部参加的会议，海尔为何从高层到关键基层都参加这个会议？这和海尔人单合一的管理模式有关，因为海尔已经确定了实施"管理无领导，企业无边界和供应链无尺度"的战略目标，海尔创客是自主人，他本身就要制定自己的战略和参与设计小微的战略。

在这个会议上，所有的议题都是明确且延续的，也就是从链群的经营

"果"倒逼机制上的问题，但不反对从一些用户交付的细节来透视具体的机制问题，哪怕是很小的事情。例如当年洗衣机的"毛刺现象"，就引发了从一个用户意见开始的"消灭思想毛刺"的全员运动。

这个会议的主持人不是某个平台主或其他人员，往往张瑞敏就是这个会议的主持人。

海尔周六例会的参与者，尤其是集团层面的高级经理人，原则上是不准请假的，张瑞敏自己以身作则，除了召开党代会等无法请假的事情之外，他身体力行，从不缺席。

二是思想会，也是文化会、观念会和思路会。

在这个会议上，除了要强调和解决战略和机制的问题外，张瑞敏往往会"借语修人"，引经据典，如同在大学里上课一样。海尔内部的创客们说，周六例会的讨论就好比是在商学院里上课，采用的是案例教学方式，绝不空洞，而张瑞敏就是主讲教授。在会议上，张瑞敏曾送出的经典名句贯穿中外，让创客们在思想上得到了升华，可谓是一场"思想盛宴"。

海尔集团文化产业事业部会把这些闪着智慧光芒的经典语句和重要的战略论点整理出来，在内部网络发布，包括《观海资讯》和《人单合一日报》，让人单合一中的"人"首先在思想上统一起来。

三是关差会，也是日清会、显差会和穿刺会。

参加会议的有集团战略性链群的链群主、小微主和关键的接口人。会议从链群经营的显差表开始，按照数差、单差、酬差、机制差和观念差，抽丝剥茧似的把问题的核心剥离出来，这个会议更聚焦机制差和观念差，认为有了自主性的创客缺乏的不再是动机，而是让他们更自主的机制。这种从一个案例开始，从行业主、链群主，到平台主、小微和创客的一条线的案例分析法，海尔称为"穿刺法"，一竿子插到底，把所有的问题暴露出来，而解决措施是从机制和人的观念入手，尤其是那些"主"们的观念和参与设计的机制。

针对关差会上的关差机制和措施，参会人员会回去进行专题研究，并在下一个周六例会上，报告关差的进程和取得的初步效果。

四是共享会，也是分享会、样板会和标杆会。

根据集团战略方向，周六例会的一个重要的议题是打造链群和小微的样板，并在集团内进行推广，因此这个会议是一个共享的会议。成功的链群如衣联网云裳穿搭子链群、生物医疗创新进化案例、车小微、智慧烹饪链群，上海商圈小微和合肥洗衣机制造小微的零距离案例等都在周六的样板剖析会上做过分享。

榜样的力量是无穷的，在海尔黑海战略驱动下，黑海样板的打造、复制和行业覆盖是周六例会的一个重要议题。以上成功的链群案例发布共享后，海尔的赋能平台和"三自"平台等共享平台立即联动，与产业平台一起快速地复制生态样板，快速实现行业生态覆盖。

赋能平台和共享平台要负责的就是样板的复制成功率和覆盖率，这些原本的职能部门早已经在人单合一模式下转型为战略引导者和平台赋能者。

五是造势会，也是动员会、推广会和宣传会。

在周六例会上发布的链群和小微案例，会得到社会的极大关注。这主要是因为海尔人单合一是企业管理界的热点，每年来海尔参观的人都在一万人次以上。同时，海尔也是媒体跟踪采访报道的头部品牌企业。周六例会上发布的示范样板很快就能见诸报端，海尔无意间把内部案例外部品牌化，因此周六例会也是链群的推广会和宣传会。

那些链群小微和创客很容易成为社会上的小明星，链群内的创客也自豪感倍增，干劲更足。而预实零差的小微也会在样板会上得到表扬，无疑，造势会也是动员会。

在周六例会上走出来的成功链群，在媒体聚光灯下让更多的用户了解了它们的生态产品，这些链群有小帅影院、一键烤鸭、有住网和疫苗网等。

需要特别强调的是：周六例会尽管只有少数人参加，但它的会议精神很快可以被全员共知，并最终形成共识。会议精神的传播渠道是立体的，内部传播渠道有团队会议、公告板、内部网、通讯、游戏、杂志、员工会议和培训等，外部的渠道有网站、年度报告、公司文献、白皮书，以及面向金融机构、用户、客户、合作伙伴的简报，供应商和其他相关利益方、广告、新闻发布、贸易展和专业会议等。另外，链群组织必须确保在链群范围内工作的所有相关创客都达到信息共享，并形成了一种自发的机制。

周六例会做到了会议时间的固定，会议目标的锁定，会议主题的笃定，会议参会人员的稳定（相对稳定的机动，每次研究的链群有所不同，但拥有资源较多的行业主、平台主和链群主人群是稳定的），更做到了会后决议跟踪执行的雷打不动。

海尔管理大智慧：借会修人

　　张瑞敏曾经说："企业即人，管理即借力。"周六例会无疑是海尔借会修人的管理创新模式，它是海尔关差体系，运营体系中的重要管理节点，是海尔近 40 年来的健康发展、持续变革、稳健成长的有力保障。

　　海尔还有两个有特色的年度会议，一个是每年 12 月 26 日召开的厂庆日战略研讨会，另一个是每年 9 月 20 日召开的"920"会议（后来改为每年一届的"人单合一模式国际论坛"），这两个会议对外开放，定位是战略会、品牌会和文化会。

第七节　管理透视之丰田零缺陷，海尔零距离

张瑞敏把世界企业管理分为三个阶段，1.0 阶段是科学管理法和科层制时代，管理模式是流水线生产，实现了大规模定制，标志性企业是美国的福特汽车；2.0 阶段是在 1.0 阶段上的升级，张瑞敏认为 2.0 阶段没有对 1.0 阶段有本质的突破，只是加入了全面质量管理，持续提升效率，实现了精益生产，标志企业就是日本的丰田汽车。

如果说企业管理 1.0 阶段把企业做大，那管理 2.0 阶段就是把企业做强，而管理的 3.0 阶段，张瑞敏认为是把企业"做活"。

如何做活？"问渠那得清如许，为有源头活水来。"员工是企业价值创造的源头，只有把员工"做活"了，每个员工才能是企业的"源头活水"。为此，海尔在管理上的探索路径是人单合一，把"人"变为自主人，链群里的"合约人"，让他们自组织、自驱动、自增值和自进化。

海尔一直把丰田作为学习的对象，海尔推行丰田的看板管理，并用 BPR 的方式在一定程度上超越了丰田，丰田的准时生产模式，海尔也力行推广过。

丰田的管理以质量零缺陷著称，它让全球的人都可以买得起性价比高的丰田汽车。但海尔发现，丰田的零缺陷在管理 3.0 阶段也受到了挑战。管理 3.0 阶段是物联网时代需要的管理模式，它要求企业内部的组织要跟上消费者在网络终端即时、离散、高效的需求。消费者以手指来选择企业，而企业却要在虚网和实网间做快捷的切换，内部各组织之间流转要顺畅，要让消费者的体验没有任何障碍。

莉兹·怀斯曼是甲骨文前高管，他曾被评为"世界 50 大管理思想家"之一，而在 2015 年，张瑞敏在英国同样获此殊荣。莉兹·怀斯曼在考察了海尔人单合一模式，并了解到它的运行状况后，认为：丰田是零缺陷的代表，海尔人单合一模式是物联网时代和用户零距离的代表。

"丰田零缺陷，海尔零距离。"这个判定，符合人单合一模式的底层逻辑：企业内部组织之间零距离，迭代为网络节点分布式生态组织，形成并联的生态圈；而企业外部与用户零距离，以便捷高效的物联网体验平台获取用户场景需求，并以生态的体验方式使用户有超出预期的体验满意。

丰田零缺陷提供无瑕的高品质的产品，而海尔零距离提供无界的生态体验。

海尔管理大智慧：三个零距离

海尔与用户零距离是人单合一的最终追求，它通过拆掉组织内部的墙和企业与外部市场的墙，把企业变成没有围墙的热带雨林，与用户无缝对接，实现与用户的共进化、共增值。

除此之外，海尔还有两个零，一个是零库存，另一个是零审批，这两个零是实现与用户零距离的必要条件。如果海尔与用户零距离，那就意味着为用户提供的所有体验方案是个性化交互和设计的，就不会有库存；如果海尔与用户零距离，在用户价值付薪的机制下，所有的指令听命于用户，小微和链群内的有自主的决策权，就消弭了科层制度下的层层审批的决策流程。

当然，人单合一模式下，三个零还会带来小微组织的零冗员，财务上的零应收，产品体验上的零缺陷，费用预算中的零基预算……

第十一章 人单合一的运营体系

导　读

　　动态化的人单合一运营体系经过近 17 年的持续进化，已经形成了成熟的运营体系，它能够从宏观和外部维度透视出人单合一组织管理的运行轨迹，并能使外部的企业实践者和学习者更好地理解人单合一管理模式的理论逻辑和实践逻辑。

第一节　图解人单合一的运营体系

人单合一管理模式是基于组织变革的管理范式，从创客、小微、链群、链群合约、增值分享等出发的组织变革、流程迭代和机制升级都是向内的视角。张瑞敏的管理逻辑是"内圣外王"，崇尚"只有把刺刀刺向自己，自创生，共进化"，使企业管理踏准时代的节拍。

经济学中的溢出效应就是要告诫管理者，在企业变革的时候，必须要能带来正外部性，不可成为没有经济价值的负外部性。而负外部性的表现方式就是社会流行的网络词汇——内卷。

人单合一管理模式显然不是管理的"内卷"，因为它的变革是基于内部，但出发点是用户，所以名称是人单合一。海尔人单合一杜绝"内卷"的法宝是：开放、自以为非（以用户为是）和彻头彻尾的市场主义。

人单合一基于内部和外部合一这两个维度来驱动变革，而外部视觉来看人单合一，看到的就是它的运营体系。

在本书第二章第五节"人单合一黑海生态"图 2-3 阐述了作为黑海战略的支撑，人单合一的运营体系。本节我们再来补充解释，见图 11-1。

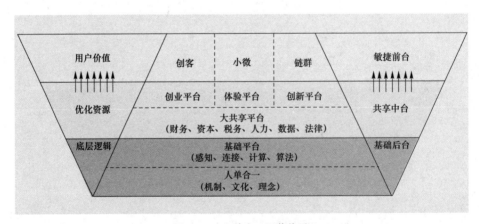

图 11-1　人单合一运营体系

按照冰山模型的思维，人单合一运营体系可以分为可见部分、可见不可见（若隐若现）部分和不可见部分。

第一部分是看得见的运营体系，也就是它的组织模式，如创客、小微和链群。和用户接触的部分就是这些人或组织，他们和用户直接接触，和用户交互，是直接创造用户价值的部分运营体系。消费者在网上消费和线下购物，看到的海尔网上社群和量子小店等都是海尔的链群或者小微的行动表现，它们构成了海尔的敏捷前台。

第二部分是人单合一的支持平台，也就是海尔的共享中台，包括"三自"平台和其他功能性共享中心，它把小微、链群需要的资源进行再配置和优化，满足小微链群和用户的交互，使他们快速设计出用户的体验方案，并能使用户的价值得到增值。这部分行为大部分是海尔内部行为，是看不到的，但也有一部分是看得见的，他们本身也是小微或者链群，例如体验平台中的云体验平台，创业平台上的海创汇。因此，这部分运营体系可见不可见，若隐若现。

第三部分是不可见的隐形部分，也就是海尔的基础后台。这部分看不见的运营体系是人单合一的底层逻辑，它包括前台获取的用户信息的大数据运算逻辑、方法和连接方式，能够把这些数据输送给共享中台，做到链群小微之间数据共享，作为下一步链群战略决策的基本依据。区块链技术在这里有运用，可以做到信息的不可篡改并能追溯，链群增值分享的结算和多边契约可以自动化实现。这部分体系还有一个重要的组成部分，就是人单合一的机制、理念和文化。

张瑞敏对人单合一中的"人"的价值观的解读"有生于无"，说的就是这一部分，无形的思维决定有形的物质。

敏捷前台、共享中台和基础后台，分别起到了创造用户价值、优化资源和打造成功基因的作用。而具体的运营方式就是图 11-1 中间部分的展示，从链群小微到大共享平台，再到基础平台。

人单合一运营体系可以使学习者跳出链群组织的微观层面，从宏观角度再来审视其运行机理，就可以更好地把握人单合一的管理内涵和本质。

第二节　人单合一的战略地图

在人单合一运营体系以及本章第三节将要解读的"三生"体系商业图谱中，人单合一战略地图是运营体系的指挥棒和机制索引地图。

人单合一战略地图是基于人单合一模式商业生态系统理论及实践形成的全新战略管理工具之一，是海尔首创的生态型组织提供战略推进及评价的可操作工具。在人单合一的实操工具中，人单合一战略地图是唯一以"创造价值"为导向并且兼顾所有利益攸关方的具有战略指引和评价意义的实操工具。

人单合一战略地图围绕组织的目标宗旨与生态战略，共有四个维度组成：分别是用户价值、组织生态（链群合约）、员工价值、生态价值，其中生态战略是起点（用户价值），承载主体是人（员工价值），链群合约是机制保障，最后达到共赢增值的目标（生态价值），它们之间相互衔接、相互关联，形成闭环并彼此之间互动和优化，见图11-2。

用户价值：目标是满足用户持续迭代的个性化体验需求，模式是依赖两个生态平台，体验云黑海生态，卡奥斯黑海生态平台，依靠"1+N"机制。"1+N"机制是指一个用户的需求，背后是 N 个生态品牌融合的场景体验来满足这个用户的体验需求。用户价值有四个衡量指标，分别是交互用户数、终身用户数、单用户价值和触点覆盖。

链群合约：通过机制形成能够承载用户价值增值的自进化组织。链群合约作为人单合一在物联网时代的可操作体系，以用户付薪和增值分享为机制，通过节点数（具体操作按照：实有节点／应有节点来考核节点覆盖速度，这个指标可以透视自组织的进化程度）、增值分享底线、新物种数等指标指导自进化的链群生态的构建。

链群合约机制下的链群组建和进化情况，读者可以结合链群生态图的运行原理来理解，本书第四章第三节有阐述。

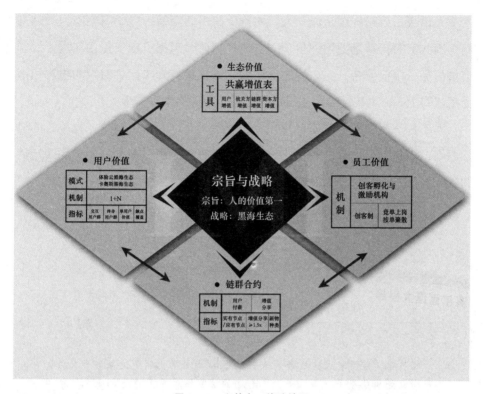

图 11-2　人单合一战略地图

员工价值：人单合一的核心就是以"人"的价值实现为终极目标，这里的"人"是用户和员工的合一，也就是实现创造价值与分享价值合一。人单合一模式形成了创客孵化和创客激励与约束机制（创客制），小微和链群中的创客要"竞单上岗，按单聚散"，充分发挥每个创客的自主性、自发性和自驱性。

生态价值：即小微链群为用户、攸关方、链群、资本市场等各方创造的价值总和。不同于传统企业损益表的核算逻辑：利润＝收入－成本－费用，海尔计算出的生态价值是按照共赢增值表中的六个要素来核算。最终衡量生态价值的四个指标是用户价值、攸关方增值、链群增值和资本方增值，分别代表着用户（个人）价值、生态伙伴价值、组织价值和资本方（股东）价值。

人单合一战略地图是以"人"的价值第一为宗旨，以黑海生态为战略方向，因此它的特点是把用户价值与创客增值融合起来，在实操中实现了"创造价值和分享价值合一"。同时，黑海生态战略方向决定了组织的生态和市场资源的生态，也决定了以生态组织来满足用户的生态需求。

人单合一战略地图改变了传统战略管理工具以股东价值第一为核心的设计原则，而是以用户价值和员工价值第一为核心原则。这种为生态品牌定制的生态工具，不仅能把企业做大做强，还可以把企业"做活"。

海尔管理大智慧：从股东第一到员工第一

诺贝尔奖获得者道格拉斯·诺斯曾说："最好的机制是使每一个人的收益率和社会收益率进一步相等。"而这种收益的对等靠的是企业内部机制变革而不是物联网技术。股东投入的是资本，员工投入的是创造价值的活动，从这个意义上来讲，直接创造用户价值的是员工而非股东。

股东要获得预期的收益，就必须把员工的收益和他创造的价值对等起来，这样股东和员工的"博弈"关系变为了"协作"关系。

海尔人单合一战略地图的内涵值得企业管理者回味：员工第一，员工为自己而奋斗；股东第一，员工只是打工。前者自驱，而后者需要他驱，市场效率高下立判。

第三节　"三生"体系的商业图谱

基于人单合一的运营体系，海尔集团"三生"体系的蓝图就已经勾勒出来。

"三生"体系是基于人单合一运营体系和人单合一计分卡（黑海战略版）和人单合一计分卡（生态版）得出的三个成果体系，分别是生态圈、生态收入和生态品牌。

"三生"体系中的三个要素彼此之间不是孤立的，而是递进迭代的体系，它是物联网时代管理范式人单合一模式的理论成果，契合时代发展的需求。

加里·哈默在《管理大未来》一书中提到："如果不改变我们的管理基因，用网络来变革管理工作的理论将无法发挥。"海尔通过人单合一来改变企业的管理基因，积极探索物联网时代的管理范式，因此"三生"体系的概念具备首创性、颠覆性和引领性。学习和借鉴人单合一管理模式下的"三生"体系，必须在人单合一管理模式的场景中体悟，否则很容易陷入抽象和混沌的境地。

"三生"体系绘制了一幅未来商业图谱，指明海尔及其利益攸关方实现星际生态的路径。"三生"体系商业图谱如图11-3所示。

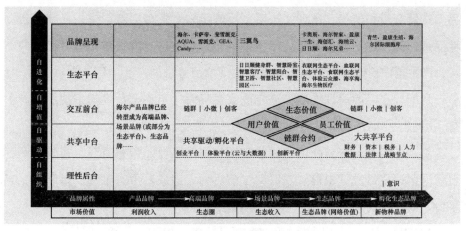

图 11-3　"三生"体系商业图谱

　　"三生"体系商业图谱的横轴和纵轴与人单合一计分卡（黑海战略版）、人单合一计分卡（生态版）纵横轴是一样的。横轴是品牌属性，代表未来海尔品牌的迭代升级方向，从产品品牌，到高端品牌、场景品牌、生态品牌，以及形成的生态体系孵化或者自涌现出的新物种，它们所带来的成果分别是：利润收入、生态圈、生态收入、生态品牌（网络价值）和新物种品牌。

　　生态圈不同于传统产业链，生态圈的中心是用户，所有资源方都是并联在一起并不断自我优化与迭代。生态各方围绕用户需求，创造增值，在产品收入之外还能够产生生态增值收入，并实现分享。生态圈各方在创造增值共享的同时，能够围绕用户需求迭代出新的物种，例如"一键烤鸭"新生态物种，并在此基础上形成生生不息、用户终身信赖的生态品牌，如前文提到的食联网科技。

　　纵轴是契合生态体系的生态非线性分布式组织，其"四自"原则就是链群组织的"四自"原则。

　　在纵横合约之下，商业图谱呈现出五个层次，从上到下分别是：品牌呈现、生态平台、交互前台、共享中台和理性后台。

　　在商业图谱中，人单合一的运营体系嵌入了人单合一战略地图中的四个价值体系，本章第二节已经阐述。运营体系在战略地图的指引下，使海尔的品牌持续升级和迭代，出现了一系列高端品牌、场景品牌和生态品牌、新物种品牌。而部分平台也升级成了生态平台，和生态品牌一样，可以和用户交互，产生用户价值，带来生态收入，实现增值分享。

　　目前，在品牌呈现维度，海尔的高端品牌（不完全，仅代表性的品牌）有：海尔、卡萨帝、斐雪派克、AQUA、雪派克、GEA、Candy。

　　生态平台有：智慧卧室、智慧客厅、智慧阳台、智慧卫浴、智慧社区、智慧园区、日日顺健身群、衣联网生态平台、血联网生态平台、食联网生态平台、体验云众播、海享陶、海尔生物医疗等。

　　生态品牌有：卡奥斯、海尔智家、盈康一生、海创汇、海纳云、日日顺、海尔兄弟等。

目前自涌现或者孵化的新物种有：青竺、滇云蜜语、盈康生殖、海尔国际细胞库等。

"三生"体系就是一个能够实现不断迭代、持续增值的模式，最终目标是围绕用户这颗"恒星"打造无边界无限增殖的"星际生态"。

第四节 "三自"平台"不吃皇粮"

在传统企业里，财务、人力、法务、战略、文化、IT等部门是职能部门，这些部门负责整个企业的监督、考核、资源配置等功能。这些部门掌握着企业里海量的资源，但却离市场最远。

传统企业职能部门的设立让分工更加明确，一定程度上使企业的运行更加精准和安全，但随着时代的变迁，职能部门的设立也带来诸多的"诟病"。企业一线的人员会抱怨：他们不以市场为中心，而是以流程和职能为中心；他们听命于领导而不关心市场的变化；他们旱涝保收，不与市场的业绩挂钩；他们行动缓慢，官僚主义滋生……

海尔集团之所以推行人单合一模式，就是意识到了职能部门功能割裂、离市场距离远，不以市场为中心的弊端。张瑞敏曾在许多会议上讲，这些职能部门是"吃皇粮"的部门。

人单合一模式的推行无疑砸掉了职能部门的"铁饭碗"，这些部门进行的转型幅度不亚于市场一线的小微和链群。在本书第八章财务体系的阐述中，财务职能转为共享中心和小微链群，既能做到战略的引领，又能参与市场运营，是从中台走向了前台。

人单合一模式把财务、人力、法务、战略、文化、IT等部门进行再造，组成了"三自"平台，"三自"是自创业、自组织和自驱动。

"三自"平台设立在上市公司、集团、行业平台和小微链群里面。在上市公司层面，"三自"平台本身也是链群，他们的主要功能有三个，即做资源、做机制和协同进度。由于海尔的所有平台都是自驱的，因此这三个功能和传统企业的职能是不一样的，他们和公司的经营融为一体，并在最终的市场增值中得到分享。例如，做资源，包括人才资源的开发使用，最终要做成人才开发平台、组织开发平台等，提高协同效率，并使平台资源可以传承和复制。

在集团层面，"三自"平台是数据中心、机制中心、共享中心和样板复制中心。前三个中心是为第四个中心做准备的，最终的市场效果是样板复制效率高，可持续发展的概率大，使样板小微的成功在内部可以复制。如果样板小微不能复制，就必须在数据中心、机制中心和共享中心上找问题，直到在机制和流程上解决为最终目的。

集团层面的"三自"平台共享中心有六个，分别是：全球财务共享平台、资金平台、全球税务平台、人力共享平台、DTS（数字技术服务）平台和商业法律平台。

在行业平台层面，"三自"平台是共享中心和小微链群的组织方式。集团层面的共享中心以小微的方式参与行业平台的专业性，如人力、财务和法务等功能，做好"显差"功能，并负责薪酬兑现等例行工作。业务性的"三自"平台根据链群的需要，自成小微抢入链群，参与战略设计，并能做到机制引领甚至直接参与用户的交互。

在小微和链群层面，"三自"平台以节点小微的方式抢入链群，根据链群合约和创客所有制，按照预案进行节点创单，并分享市场增值。

总之，"三自"平台不再是"吃皇粮"的部门，而是从后台走到中台，甚至走到前台，和小微链群一起，做好机制，显示差距，预实零差，复制样板，最终做到行业上的持续引领。

海尔管理大智慧：职能部门怎么和市场零距离

海尔人单合一模式把职能部门转变为"三自"平台，它们其实有三个角色：集团层面的共享中心和"三自"驱动平台，在行业平台上的"三自"驱动平台和小微链群。简单来说，就是把职能部门分为三个部分，共享中心做好专业功能，例如税务平台，而"三自"驱动平台是做资源、做机制和复制样板；小微链群就直接参与市场战略和用户交互了。

企业管理者要借鉴这种模式就必须把传统职能变为市场需要的行为，然后才有组织的变革和机制的设计。

第五节　案例观察：海尔的三库合一

在人单合一战略地图"用户价值"的维度上，创造用户价值的机制是"1+N"模式，即一个用户需求，N 个生态品牌来满足。

N 个生态品牌往往是由诸多的品牌产品、组建和细分方案等组成的。再如海尔智家的"5+7+N"全场景智慧解决方案，N 个用户的个性化需求可以在 5 个场景和 7 个专业化解决方案中组合，但如果用户跨出了家庭场景，7 个成熟的专业化解决方案显然是不够的。

为了满足用户的生态需求，海尔提出了设计用户体验方案的三库合一模式：组件库、场景库和体验库（见图 11-4）。

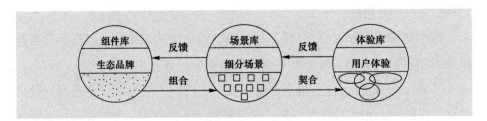

图 11-4　海尔满足生态需求的三库合一

组件库主要是生态合作品牌，是海尔生态吸附力④吸引过来的合作伙伴，以海尔为例，其合作伙伴有迪卡侬、双立人、宝洁、杰尼亚、同仁堂、海澜之家等 1200 多家生态合作品牌。

场景库包括：智慧客厅、智慧厨房、智慧阳台、智慧卧室、智慧卫浴等场景。随着海尔生态平台和品牌的不断涌现，其场景库也在不断地拓展。例如：生物医疗创造的场景库有 -196℃自动化液氮库场景、-80℃自动化生物

---

④生态吸附力是评价物联网生态品牌及商业生态系统的标准之一，是使资源方蜂拥而至，不离不弃的机制、流程等企业号召力和吸引力的综合称呼。创物联网生态品牌，必须打造无边界的商业生态，让一流的人才和资源方不断涌入生态，这既是目标也是实施路径。

样本库场景、-30℃血浆自动化库场景、2 ~ 8℃疫苗自动化库场景等"深冷"生命体环境场景。目前海尔场景库已经积累了 300 多个场景。

体验库是"1+N"机制引领支持用户全流程无缝体验。包括设计一个家、建设一个家、服务一个家等体验模式。

海尔的三库合一很好地解决了用户体验方案的升级和迭代需求，它能跨行业满足用户的需求，而且速度、效率和性价比都具备竞争力。

海尔的三个库之间是倒逼流程的建设过程，根据用户体验库中的用户意见，增加并优化场景库中的个性化场景，根据场景来倒逼组件中的生态品牌数量和质量。同时，根据用户的体验反馈，组件库和场景库迅速以组合集成、敏捷契合的方式实现用户体验的迭代升级。

海尔三库合一实现了"场景替代产品，生态覆盖行业"，组件库中的合作伙伴因为满足特殊场景下的需求增加了增量市场。例如：知名服装品牌海澜之家是作为海尔衣联网的组件库成员，加入衣联网平台后，通过衣联网平台提供的 RFID 技术，收发货效率分别提升了 500% 和 200%，收发货人工成本分别降低了 67% 和 50%。而且通过并联顺逛和卡奥斯平台还可以实现服装的大规模定制，促进服装产业升级。

三库资源不断迭代和升级，实现了市场资源的无界生态和用户需求的无缝体验。

第六节 案例观察：卡奥斯孵化的新物种

卡奥斯是全球首家引入用户全流程参与体验的工业互联网平台。通过平台，用户可以参与产品设计、研发、生产、物流的全过程，实现大规模制造向大规模定制的转型。卡奥斯是海尔集团的生态品牌。

卡奥斯作为赋能平台，它聚焦的是智能制造行业的赋能，场景方案包括：生产制造场景、研发设计场景和数字化转型整体解决方案。行业解决方案包括了 15 个行业，比如：家电、建陶、房车、能源、农业、钢铁、文旅、应急防疫等。

以农业行业解决方案为例。卡奥斯首先孵化新生态平台：海优禾平台。这个生态平台跨界赋能，通过基地直供、全程溯源，提供 24 小时无接触式自主生鲜果蔬服务。不仅让居民吃到绿色健康放心的食品，也帮助了蔬菜企业快速提升销量，助力实现从农田到餐桌的零距离。目前，海优禾赋能成果已复制到八大产区，实现扶持一个企业带动一个产业。

海优禾平台也可以孵化新物种，例如本书在第一章第五节提到的云南蜂蜜品牌"滇云蜜语"就属于新物种品牌。

以建陶行业解决方案为例。卡奥斯首先孵化新生态平台：海享陶平台。海享陶基于主平台上的七大模块通用能力，对淄博市建陶企业设备进行自动化升级改造，提供从定制到生产的一体化服务，通过主平台的智能制造模块、能源模块、交互模块，赋能建陶产业群，推动企业和用户的交互，帮助企业和生态伙伴实现数据共享、降低成本、数字转型、节能环保和减少库存等价值与收益，实现降本增效、提质创新。

海享陶平台也可以孵化出新物种，例如高端定制建陶品牌"青竺"的诞生就是海享陶孵化出的新物种。

卡奥斯犹如"万物之卵"，它旗下子平台，比如好品海智、海达兴、海云链、蓝鲸、海企通、海云芯、海模智云等，都可以孵化新物种。

在海尔，诸如卡奥斯一样的可以孵化新物种的生态品牌还有盈康一生、海创汇、海尔智家等。

海尔管理大智慧：
独木也可成林

　　海尔的生态品牌依靠赋能平台，可以使其他行业的企业优化资源，打通流程，以数字化驱动智慧制造，并建立从设计、研发、采购、生产、物流、体验、服务的全流程生态资源圈。被赋能企业由此进入生态环境，成就了其赖以成长、持续发展的资源供给池。

　　纳新优故，独木成林，成就了海尔生生不息、欣欣向荣、蒸蒸日上的生态体系。

第七节　管理透视之熟知并非真知

黑格尔在其名著《小逻辑》中曾经讲过这样一个故事：很久以前，有一族人特别崇拜一个名叫"Golshok"（戈尔肖克）的东西。他们相信，"戈尔肖克"孕育着生命和智慧，就像源远流长的密西西比河和一泻千里的亚马孙河一样，它是称量善恶的天平，是佑护人们幸福的万应符咒。

多少年来大家对戈尔肖克所预示的智慧和神奇力量深信不疑。它的真谛和魅力吸引着前赴后继的智者虔诚探索，青灯黄卷，面壁冥想，从未停止过。

终于有一天，一个曾经对戈尔肖克笃信不疑的人问道：什么是"戈尔肖克"？这个词究竟指什么？这么简单的问题一下子惊醒了所有对"戈尔肖克"虔诚的信徒。他们忽然发现，自己对这个一向以为最熟悉的词竟然一无所知。

后来黑格尔总结这个故事背后的哲理：熟知并非真知。为了使后来者更清楚他要表达的意思，他强调说："熟知的东西之所以不是真正了解的东西，正因为它是熟知的。"

中国也曾流传着一个类似的故事。

一个做鱼特别好吃的渔家婆婆，蒸鱼用的盘子特别大，鱼放在里面显得很小，为了不浪费锅里的空间，每次蒸鱼只能用这个庞大的盘子盛放。这使大家对这个盘子大就能蒸出美味的鱼产生了信赖，认为鱼做得好吃就是因为盘子大。

大家纷纷效仿，在那一带，非常流行用大盘子蒸鱼。

直到有一天，这个婆婆厌倦了这么大的盘子，她回想起这是她婆婆流传下来的盘子，于是她访问了年龄更大的、和她婆婆有过交往的家族里的人。后来她终于弄明白，当年婆婆的婆婆那一辈很穷，有人施舍给她家一个大盘子。大盘子根本不是用来蒸鱼的，而是来晾晒东西的。

但是当地的人已经习惯了用大盘子蒸鱼，大盘子的真相根本改变不了他们已经熟知的假象。

张瑞敏在推进人单合一管理模式的进程中，多次引用黑格尔这句"熟知并非真知"的名言。他想告诫大家：熟知与真知是有区别的，甚至可以说这中间有很长一段距离。要想获得"真知"，必须自我否定，不断扬弃，也就是海尔"自以为非"价值观的真谛。

张瑞敏自己办公室里挂着的座右铭是苏格拉底的名言："自知自己无知。"

第十二章 | 人单合一可以学得会

导　读

改革开放以来，中国涌现出一批优秀企业的代表，彰显了中国智慧，提升了中国自信，海尔集团在国际市场的成功就是一个典型案例。

海尔持续谋变的经营策略赢得了国际国内的关注和认可，尤其是人单合一管理模式被称为"物联时代的企业管理范式和新基准"。

如同背越式跳高一样，新生事物在一开始总是让人怀疑。但"愚者暗成事，智者睹未形"，善于探索的企业家总是能在迷雾中找到自己的新标杆。海尔近20年来探索出的人单合一模式是国内少有的适合物联网时代的新管理范式。它的管理内涵和底层逻辑清晰，体系健全，组织变迁有规律，链群合约等机理符合时代发展要求，值得借鉴。

海尔人单合一管理模式我们可以学得会，但必须从其底层逻辑开始学习。管理可以学习和借鉴，但不能模仿，正如近代书画大师齐白石先生所讲："学我者生，仿我者死。"

第一节　企业转型："＋互联网"与"互联网＋"

海尔人单合一模式值得中国乃至世界企业管理界的借鉴的原因，就在于海尔人单合一模式既有"＋互联网"的模式，又有"互联网＋"的模式。

"＋互联网"是指天生实体的企业植入互联网基因，实现数字化转型，并能够在物联网时代快速满足用户的需求；而"互联网＋"是指天生互联网的企业和实体的融合，实现线上和线下资源的融通。

显然，海尔人单合一模式把两种模式融合在一起了，它基于组织的改变，把资源优化和整合的过程变成了物联网技术的驱动过程，尤其是其诸如卡奥斯、海创汇等生态品牌，其运作既有"＋互联网"，又有"互联网＋"。海尔把自己的管理模式不称为互联网模式，而是称为物联网模式。

为了便于企业管理者理解，我把实体企业转型总结为"＋互联网"，也就是实现数字化转型，充分利用线上资源；而互联网的企业转型称为"互联网＋"，它必须要融合供应商的资源，实现用户需求的实物精准匹配。

"＋互联网"转型的企业应该学习人单合一的组织体系、财务体系和薪酬体系的变革，因为互联网和物联网本质是"人联网"，没有自主的人，数字化转型就是一句空话。

"互联网＋"转型的企业应该学习人单合一的预算体系、关差体系和运营体系，并借鉴海尔的黑海战略。流量时代已经过去，"留住用户"才是互联网企业要考虑的命题。在物联网时代，信息流变为了价值流，企业给用户创造的价值不仅仅是"全网最低价"，而是让客户超值满意的高性价比体验，产品时代已经过去，场景时代来临。

物联网时代用户需要的不是一个单一的物理产品，而是物联网上的诸多节点，也就是细分场景，这个需求变化倒逼电商企业必须布局组件库、场景库和体验库，海尔的三库合一能引发互联网企业新的思考。

第二节　以组织驱动的管理变革范式

德国著名社会学家和哲学家，现代社会学的奠基人马克斯·韦伯是组织管理的开创者，他提出的工具理性和价值理性是组织变革的两个起点。

工具理性是通过实践的途径确认工具的有用性，从而追求事物的最大功效，为人实现某种功利提供服务。价值理性是以主体人为中心，而不以客体为中心的理性，强调"人本质上是目的而不是手段"。

两种理性的出发点是不一样的，一个是以工具为出发点，一个是以人为出发点，但最好的实践是二者合一。

两种理性的实践落脚在组织创新上。组织形式的改变究竟是以手段为目的还是以人为目的？海尔人单合一的做法是以人为目的，反过来再倒逼内部组织形式，以效率为手段。在海尔分布式组织里，每一个人都创造用户价值，同时又体现每个人自身的价值，两个价值的合一就把价值理性和工具理性结合起来。本来价值理性是主导，工具理性是手段，现在等于把目的和手段融合起来。

企业的组织变革是企业管理创新中的一条主脉络。企业所有的流程和机制都可以从组织变革的主线上依据企业管理变革的主导思想，贯穿企业运营的所有流程和节点。例如：人单合一管理模式从创客、小微、链群组织变革作为出发点，以创造用户价值和员工增值分享合一为目标，结合链群合约、创客所有制、用户付薪等实操工具，推进企业内部组织变革、流程迭代和机制升级。

变革后的海尔组织里有五个角色，组织形式是小微、链群（专业平台和行业平台也形成了链群），这种组织是生态节点非线性分布式组织，它不是简单的组织扁平化，而是网络化。人单合一创新组织的最大特点是开放、动态、激励相容（共赢）。

海尔基于组织变革的人单合一模式对中国乃至世界企业管理界的启示和借鉴意义是深远的。如何解决员工和股东的利益问题，如何使所有的组织以用户为中心开展工作，如何把职能部门变为直接参与前端运营的生态组织，如何在预算、关差和薪酬体系中做到市场效果和个人收益联动……这些疑问，在人单合一的管理变革中都可以找到答案。

战略管理学家威廉·马勒克评价认为：海尔是物联网时代组织模式变革的基准，是全球企业组织变革的一个方向。"商业生态系统"概念创立者、美国管理科学家詹姆斯·F.穆尔则认为：海尔是组织和生态系统创新的领导者。

在物联网引爆前夕，企业管理进入了"丛林时代"，谁能成为新时代的管理新基准，市场和时间会给出答案。

第三节　人单合一带给企业家的七条借鉴

人单合一管理模式共有七个体系，这是我根据自身实践和跟踪研究整理出来的最为接近海尔具体实践的管理实操集成。

基于组织变革的人单合一管理范式是顶层设计和优化的结果，学习者如果是企业顶层设计者更容易理解海尔变革的初衷、逻辑、方法和工具。即便是企业的中层管理者，在学习人单合一管理模式的变迁、内涵、体系、机制和流程时，也能全视角了解企业管理变革，尤其是以组织变革为引领的企业管理变革。

人单合一管理模式可以带给企业家至少七条借鉴，并引发他们对自己企业的审视。

第一，企业宗旨的借鉴。

企业组织的目的是以股东为中心，还是以员工为中心，这是企业宗旨的核心。长期以来，企业管理者对"以股东为中心"的宗旨笃信不疑，但从价值理性出发，不难发现，在终端直接创造价值的人员离用户最近，如果他所创造的价值和用户价值不能合一，最终股东的利益很难保证。做到社会效益与员工效益的最大限度的合一，是一个组织发挥最高效率的基础。

第二，企业目标的设计。

一般企业管理者理解的目标设计属于顶层设计，是从上到下的设计过程。海尔人单合一模式是从下到上的过程。因为离市场最近的创客最了解有竞争力的市场目标，他们要拿出预案、预酬和预算来，主动抢入链群，目标是自己确定，并以链群合约的方式实现确定预酬。这种目标设计的方式打破了原来离市场最远的办公室里领导的指派方式。原来这种强压式的目标，员工承接起来是被动的、他驱的，目标完不成会推脱是领导把目标定得太高，不合实际。

第三，企业组织的开放。

企业管理者理解组织，认为稳定的组织最为高效。其实，在物联网时代，市场随时发生变化，唯一能跟上市场变化的就是开放和动态的生态组织。开放和动态的组织设计对企业管理者要求较高，它需要管理者有管理哲学、管理技术和管理工具的合一。即便困难重重，组织变得更加开放、动态、多元、共赢是未来企业发展的趋势。诚如乔伊法则所言，最聪明的人永远在企业外部。使企业开放，以生态吸附力来吸引外部人力资源、市场资源、资本资源等，是企业未来的一个重要命题。而这个命题又需要企业组织必须是动态的、进化的、多元的和灵敏的。

第四，企业职能的转变。

目前大部分企业的组织还是基于科层制理论设计的以职能部门为单元的组织。这种组织里有职能部门，也就是成本中心，不是利润中心，起到的作用是监督、考核、控制等职能。职能部门最大的问题在于离市场太远，所做的政策和机制是落后于市场的。他们代表了股东的利益，但没有代表用户的利益。海尔的做法是让他们变为共享中心、"三自"平台和链群小微，他们中的一部分做专业功能，增加资源利用率，例如法务共享中心，税务共享中心；"三自"平台要做"显差"，跟踪"关差"，自己也参与"关差"，同时做机制，复制样板小微模式，市场收益与个人收益挂钩；转变为链群小微的原职能部门直接参与市场交互，在节点上按照自己抢入的预案来服务用户，并分享增值。

第五，企业财务的升级。

人单合一模式的重要保障是财务体系的升级，因为财务体系要动态透视小微链群的经营状况。但小微链群的组织发生了迭代，用传统的财务视角根本无法预测、预算、评估和核算新组织的经营成果。海尔的做法是把财务体系从职能、专业、业务、战略逐一升级，最终形成了海尔的战略—价值财务体系。事先算赢机制确立，颠覆了原来的事后算账机制。新财务体系增加了企业的"第四张表"——共赢增值表，它不仅能透视表内资产，还可以透视表外资产，共分为六个要素，其中有四个要素是原来财务三张表中无法体现的。新财务体系的新评估工具还有顾客价值表、单人酬表和人单合一计分卡等。

第六，企业薪酬的演进。

人单合一模式下的薪酬体系发生了重要的改变，其驱动机制是用户付薪和创客所有制。换句话来说，不是股东、上级发工资，而是用户发工资，例如"0—0—30"机制就充分说明了这一点。人单合一的薪酬体系解决了企业管理的难题：老板和员工利益博弈的难题。大家都面对用户，用户付薪，提前以链群合约方式界定好增值分享比例，而这个比例是按照竞争力阶梯式的，以对赌机制辅助的，链群合约支撑的区间选择，类似宽带薪酬的阶梯结构，但有本质区别。海尔人单合一模式下的薪酬体系做到了"人人都是CEO""我的用户我创造，我的增值我分享"，员工和企业之间不再是雇佣关系，而是合作关系。

第七，企业关差的闭环。

人单合一模式的关差体系是海尔管理的一大特色。关差之前有显差、找差，这就倒逼内部的各流程必须准确、及时地共享数据并把数据显示出来。关差五部曲从数差、单差、酬差、机制差，最终找到念差，也就是观念上的差距。关差的目标是预实零差，并在下一轮的预算体系中从机制和流程上杜绝问题的发生，形成闭环。因此，海尔的样板会、调频会、战略会、日清会等，其主要目的都可以总结为关差会。海尔关差体系给企业管理者的启示是：不怕与预期结果有差距，怕的是没有关闭差距的方法、路径和时间节点。

当然，海尔人单合一管理模式给企业家的启示和借鉴不止七条，例如预算体系的健全，周六例会的主题选定和关差的跟踪，海尔企业文化的落地，海尔品牌的升级，等等，这些内容在人单合一的七个体系中均有所涉及。

"它山之石，可以攻玉"，察人知己，见微知著，对海尔管理模式的借鉴，或许能成为企业家推进企业管理变革思想上的起点，行动上的支点，企业发展的拐点。

第四节　学习人单合一要避免五个学习"误区"

学习人单合一管理模式不可照搬硬套，刻板教条。企业的情况各不相同，发展也参差不齐，管理要从实际出发，千万不要只学形式，要学核心内容。

我总结了目前社会上对标学习人单合一的五个误区，不仅在学习海尔人单合一时可以借鉴，对学习其他标杆企业也同样有启示意义。

误区之一：注重实操工具，尤其是表格和系统。

由于工具和方法是最容易学习的，也比较形象。但是工具最大的问题是个性化很强，每个工具都是有场景、背景和环境"三景"因素影响的，离开了"三景"，工具可能在另外一个环境中无效。因此学习人单合一模式必须从"道"的层面入手，从管理哲学和管理逻辑作为入口，学其内涵，思其本质，工具只能辅助你理解管理哲学和管理逻辑。

庄子说"通于一而万事毕"，这个"一"就是管理哲学和管理逻辑。目前写海尔管理哲学的书籍不少，可是有工具和方法的少，本书反而是工具和方法多，管理哲学融入了工具设计和方法实操中，可以结合学习。

误区之二：注重案例个案，忽视个案反映的共性。

不可否认，案例学习是企业家最为喜闻乐见的学习方式，它能使学习者沉浸情节，知识很容易汲取并能在实践中用得到。本书也采取了案例和理论结合的方式，而且案例来自现场或官方公布，力求案例的真实性和准确性。但案例是管理模式的一个点，学习时必须要回归到所学习企业的管理创新案例中的线和面上去，并抽离出其中的共性，举一反三，并最终回归到学习者自身企业的具体实际中去，做到去伪存真，科学扬弃。

海尔人单合一的案例得到了媒体的极大关注，在网络上很容易检索到，我尽力把最新未公开的案例呈现给读者，大部分章节还设计了"海尔管理大智慧"总结，帮助读者把个案上升到线和面。

误区之三：海尔人单合一体系复杂，难以学习和复制。

这几年外界学习海尔的热情不减，但大家共同的感慨是：海尔人单合一不如原来的 OEC、日清管理和市场链流程再造容易学习。人单合一的很多概念太超前，而且有些概念是抽象的，其使用环境和企业具体实际不符。于是，有些企业家就下定论：海尔模式好是好，但是学不了。其实，人单合一的底层逻辑非常简单。OEC 管理的学习逻辑是：人人都管事，事事有人管。日清管理法核心是：日事日毕，日清日高。人单合一的底层逻辑是：我的用户我创造，我的增值我分享。用一句话来说：人人都是 CEO。

基于这样的逻辑，企业管理者就很容易学习，无非是组织的变化带来的外部和用户的交互变化，原来是以领导指令为中心，现在是以用户需求为中心，员工和用户合一，员工的薪酬由市场用户来付。如果能把这个逻辑做到位，即便是海尔目前的管理模式，也可以颠覆并超越。何况，企业管理有定式，但无定法，其他企业都可以在海尔成功的基础上结合自身实际进行优化，甚至是超越。

误区之四：海尔是大型国际化企业，中小企业学不了。

对标学习总会让学习者有一个困惑：对标企业太大，和自己离得太远。一些企业主认为海尔是国际化特大型企业，中小企业恐怕学不了。

这个学习误区很容易解释：隔行不隔理，企业学习的应该是逻辑、方向，或者是企业的管理哲学。管中窥豹，可见一斑。企业家的继续学习应该善于从现象中抽离出管理的本质，这种管理译码的能力是企业管理者必须具备的。

再者，学习要以高标杆为榜样，而非以你学得会，或者容易理解为标准。所谓"取法乎上，仅得其中"，把学习的标杆定得高一些，活学活用，取其精华，以扬弃的精神在实践中辩证借鉴和使用。

我的建议是：中小企业学习海尔人单合一的管理哲学，中型企业学习海尔的管理方法，大型企业学习海尔的管理方法论。

误区之五：决策层学习海尔即可，中层和基层不适合学习。

海尔人单合一的推行确实属于顶层设计范畴，甚至是一把手工程。但是学习海尔人单合一应该是全员学习，只不过每个层面的学习者学习的目标和关注的重点不一样而已。

一般而言，从到海尔学习的企业，尤其是学习效果不错的企业来看，高层管理干部学习海尔人单合一的底层逻辑和管理体系，包括目标设计、机制和流程；中层管理干部学习海尔组织变化的逻辑和变化之后的具体运营；而基层管理干部学习海尔创客抢目标、做三预方案的方法。所有的管理干部都应该学习海尔全员参与创客、全员面对用户的企业文化氛围的建设方法。

突破学习误区，让学习者和管理者以理性、科学的态度学习海尔人单合一管理模式，学习效果就会事半功倍。同时，学习是一个循序渐进的过程，不可能通过一次参观、一次交流或几次课程就能学会，应该采取跟踪学习的方法。

西汉文学家刘向有一句名言："始于不足见，终于不可及。"海尔人单合一的探索已近 20 年了，海尔认为当你认可了海尔模式，追赶上海尔是几乎不可能的。这句话也可以套用在学习上，刚开始的学习效果很难量化可视，但当别人发现学习的力量之后再追赶，就是可望而不可即的事情了。

第五节 人单合一"N+1+N"学习模型

我在企业管理授课和管理咨询实践中总结出企业继续教育的学习模型："N+1+N"方式，见图12-1。

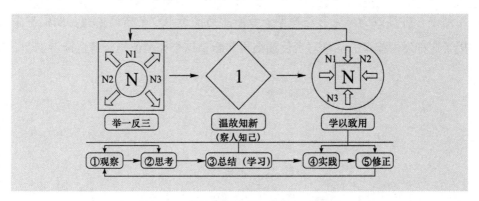

图 12-1 企业对标学习的"N+1+N"模型

企业管理者学习标杆企业，得到的知识不应以点的形式存在，应将知识点串联为知识线，再将知识线扩展为知识面，形成知识运用的"N+1+N"模型（我也称为学习模型）。其中"N"是指对市场现象和行为的观察，由于市场的表象复杂，行为芜杂，用"N"表示。结合学习到的知识，基于已有的知识体系和经验，总能找到解决问题的方案，也就是"1"。找到"1"后还要将其还原到学习者所在企业不同的场景中，也就是"N"中进行验证和修正。

"N+1+N"学习模型也可以简单描述为"分总分"模型。对这个模型的熟练掌握，可以提升企业管理者学习的效果，提高学习者快速有效解决市场问题的能力，达到苏轼诗句中描写的境界："前生子美只君是，信手拈得俱天成"。

而要达到这种境界，必须秉承十二字学习箴言：举一反三，温故知新，学以致用。学习海尔人单合一模式，目的是为了在企业管理创新或变革中尝试应用和修正，变为自己企业的管理范式。

　　为了更好地说明这个模型的具体使用方法，在图 12-1 中，我又把它分解为实操五步法，分别是观察、思考、总结（含学习）、实践和修正并形成闭环。如果实践中遇到问题，再次回到锁定的标杆企业去探寻其行为现象，找出其中的"1"，并在具体实践中第二次实践和修正、优化。

　　对人单合一的学习者和希望尝试借鉴的企业管理者来说，"N+1+N"学习模型是一种高效的学习方法模型。我所服务的近 100 个咨询企业，他们都采用了这种学习模型，从学习者反馈结果来看，这个模型值得向各位读者推荐。

第六节 人单合一在谢韦尔钢铁公司的应用

人单合一管理模式在国际化公司得到了成功应用，比如印度佳布尔（也有译为斋普尔）地毯、意大利康维斯餐饮公司、意大利联合圣保罗银行、日本富士通（欧洲）公司等。

人单合一管理模式在俄罗斯谢韦尔钢铁公司的应用效果得到了俄罗斯企业界的极大关注。

谢韦尔钢铁公司原名为切烈波维茨钢铁股份有限公司（以下简称谢韦尔集团），是俄罗斯四家大型钢铁公司之一，是世界领先的集钢铁、采矿为一体的公司，总部位于俄罗斯沃洛格州伏尔加河上游、雷客斯克水库北部。谢韦尔集团有两个分公司：俄罗斯的谢韦尔钢铁公司和北方钢铁资源公司，资产分布在俄罗斯、乌克兰、拉脱维亚、波兰、意大利、利比里亚等地。

谢韦尔集团在 2019 年之前采用的是 H 型组织结构，这是一种多个法人实体集合的母子体制，母子之间主要靠产权纽带来连接。H 型组织结构较多地出现在由横向合并形成的企业中，这种结构使合并后的各子公司保持了较大的独立性。

谢韦尔集团子公司可分布在完全不同的行业，总公司则通过各种委员会和职能部门来协调和控制子公司的目标和行为。这种结构的公司往往独立性过强，缺乏必要的战略联系和协调，因此，公司整体资源战略运用存在一定难度。

2019 年 11 月 29 日，谢韦尔集团的高层们来到海尔集团现场学习，他们决定把原来的 H 型组织改变为海尔的链群和小微组织。谢韦尔钢铁集团的米哈伊尔·谢列兹尼奥夫作为组织变革的牵头人之一，一直在询问人单合一模式的具体要素和元素，以及从科层制到链群转变的具体流程和操作方法，需要的时间估算等实操内容。

原定 2020 年再次派高层来学习的计划被突如其来的新冠肺炎疫情打乱，但谢韦尔集团高管们的学习热情不减，他们通过视频方式线上咨询和沟通。

谢韦尔集团原定的线上学习和咨询人员由9位集团CEO增加至14位高层管理者。

采用合弄制已久的谢韦尔集团在推行人单合一的过程中非常谨慎和严谨，他们理解并认可了人单合一的管理逻辑，管理变革目标多次确认，组织变迁为小微链群的路径和时间节点都把握得很准。

在原来的合弄制下，员工的薪酬是徽章和薪酬联动，公司员工可以通过认证他们的能力获得这些徽章，而员工薪酬与其获得的徽章相关，并通过标准公式进行计算。但在合弄制模式下，员工所处的不同圈子所创造的价值不同，即便员工的创造力被调动起来，但其价值回报始终处于变动的状态，升降过于频繁。

海尔人单合一模式可以让员工的收益在用户付薪机制下提前预酬，并签订协议，薪酬权是自主的，员工的积极性被充分调动起来。

谢韦尔集团积极评估这些机制的改变，并为机制的过渡做了充分的准备。谢韦尔集团本身就是海尔俄罗斯工厂洗衣机等产品的钢板材料供应商，他们借鉴海尔人单合一模式可以实现"卓越的客户体验"战略目标。

第七节 人单合一在世界各国的应用

2016 年 6 月 6 日，海尔集团以 55.8 亿美元收购整合了美国通用电气家电公司（GE Appliances 简称"GEA"），GEA 正式加入海尔大家庭，成为其共创共赢生态圈的重要一员。

GEA 是一家百年企业，在过去的 30 年时间里，它一直是中国企业学习的绝佳标杆。在海尔并购 GEA 之前，其采取的管理模式依然是科层制，没有人单合一的"三权让渡"。在激励体系上，实行的是委托代理激励机制，可以得到的期权也是戴"金手铐"的，也只涉及 12000 多人中的十几个人。

海尔兼并 GEA 后，采取的是沙拉式文化融合。沙拉中可以有各种各样的蔬菜，但是沙拉酱是统一的。也就是说，GEA 采取的也是人单合一模式，但小微链群的组织方式和用户付薪的具体激励方式可以各不相同。

例如，原来有期权的只有十几个人，但在人单合一模式下，按照链群合约和创客所有制，现在有 3000 多人得到了期权，而这个期权是他自己承诺的超值目标并预实零差赢得的增值分享。

人单合一模式的推行充分调动了 GEA 内部创客、小微和小微主的积极性，小微积极与用户交互，他们设计出的制冰机和比萨烤箱，在当地成了爆款产品。美国《大西洋》月刊专门对此进行了深入报道，文章认为，人单合一管理模式"将灵活的制造商精神带入产品设计过程"。

人单合一模式在 GEA 得到了落地并成效斐然。2017 年，GEA 创下了十年来的最佳业绩，2018 年成为美国增长最快的家电公司。2020 年，在美国第二季度 GDP 下降超过 30% 的形势下，GEA 却实现了逆势 20% 的增长，利润增幅超过 3%。在链群合约驱动下，为了及时交付用户紧急订单，包括 CEO 在内的 100 多名创客甚至主动参与到一线生产中。

GEA 首席执行官凯文·诺兰说："咨询公司和许多其他人都想给你如何运营公司的建议。但坦白说，对于我们需要做什么以及如何做才能迈向成功，我们应该更多地倾听市场，而不是咨询师的意见！"凯文·诺兰显然对人单合一中以用户为中心的管理逻辑已经十分精通，过去以内部管理为中心的时代一去不复返，而以市场为中心的新时代已经到来。

　　和 GEA 采用人单合一管理模式后的嬗变经历类似，2012 年 9 月，海尔收购新西兰国宝级家电品牌——斐雪派克，在决策权、用人权、分配权"三权让渡"的治理机制下，使其品牌价值提升 20%，市场份额增长近 50%，树立了中国—新西兰企业合作的新典范。与此同时，人单合一在日本 AQUA、意大利 Candy 等也实现了跨国复制，推动着它们的稳定发展，充分彰显了人单合一模式的强大普适性和生命力。

　　富士通西欧的负责人引进人单合一管理模式后，将新业务员工分为 15 个小微，每个小微 4 ～ 12 人，给予充分的自由度，新设立的小微获得了许多新订单，提升了增量市场。

　　印度佳布尔地毯是印度手结地毯最大的制造商和出口商，其从全球采购原材料，再将制成品销售到世界各地。地毯由印度北部和西部的乡村工匠生产，有 40000 名乡村工匠为公司工作。如何加强与这 40000 名"虚拟员工"及日益增长的全球客户之间的联系，是佳布尔地毯面临的最大挑战。佳布尔创始人了解到人单合一模式后很受启发，他认为海尔的用户付薪能进一步激发员工活力，实现与用户零距离。

　　意大利联合圣保罗银行人力资源主管罗伯托·巴塔利亚为解决科层制带来的弊端，也引进了海尔人单合一管理模式。罗伯托·巴塔利亚在人单合一（意大利）研究中心的帮助下，采用分部门以不同的类别转型，并在员工中寻找具有企业家精神的人员（即"小微主"），他们为这些人员赋能，对他们进行培训并鼓励他们做出实验和探索。之后，这些"小微主"为自己的小微做出商业计划，例如确定预算和对自己所面对的市场的有效分析。转型后的小微主动面向市场，有了自己的损益表，积极建立信息获取渠道和数据库，并对市场机会进行探索和跟踪。与此同时，小微除了不断帮助拓展金融上的业务以外，还探索到了更多种类的解决方案，取得了企业用户的广泛认可，市场效果十分明显。

　　《麻省理工斯隆管理评论》评论称，在全球新冠肺炎疫情的考验下，海尔模式优于丰田、苹果、孩之宝等国际化品牌，这是因为这些公司的供应链僵化，其根源在于组织僵化，而海尔的组织模式是灵活的。

"日月同天，山川异域。"人单合一（Rendanheyi）在国外的翻译就是全拼的汉语拼音，如同中国"功夫（Gongfu）"，它的普适性和引领性正在企业实践和学者研究中不断彰显，充分体现了中国智慧和中国自信。

海尔管理大智慧：
中国自信

海尔人单合一管理模式在全球范围内的成功，是海尔为世界企业管理界作出的理论和实践贡献。

在此之前，中国企业管理大多沿袭西方管理，从亚当·斯密到马克·斯韦伯；从弗雷德里克·泰勒到亨利·法约尔等，这些管理理论被世界企业管理者奉为圭臬。

但"一月普照一切水"的时代被"千江有月千江水"的时代所替代，中国企业在国际舞台上的杰出表现让世界企业界开始把目光聚焦在中国。以海尔为代表的中国优秀企业积极探索的企业管理创新实践开始上升到管理理论，在物联时代的管理丛林中崭露头角。

海尔人单合一管理模式被国际企业认可的现实彰显的是中国自信，它比销售单一的家电产品更有价值，它的普适性和有效性不仅反哺海尔品牌，更让世界重新认识"中国智造"。

第八节　人单合一在国内市场的借鉴

人单合一管理模式在国内市场同样备受推崇。每年来海尔集团参观的人都在1万人次以上。

海尔人单合一管理模式在国内市场还属于研究和初步实践阶段，北京大学、复旦大学、浙江大学等高校纷纷把人单合一管理模式作为专项研究的课题，许多企业也开始初步实践人单合一管理模式中小微创客式组织方式的变革。

海尔是世界的，但更是中国的，中国的企业发展经历和海尔发展经历背景相似，管理哲学相近，与海尔的心理距离更近，更适合中国企业学习和借鉴。

人单合一管理模式在国内市场的借鉴分为三种情况，这三种学习和借鉴方式都做到了知行合一，甚至变成了海尔生态合作伙伴，本书列举三种方式，供学习本书的读者和企业管理学者和实践者参考。

第一种情况是个人或团队成为海尔的创客或小微。海尔人单合一把企业与外部的墙拆掉了，企业是开放的，外部的个人和小微可以抢入链群，在链群中的某个节点发挥作用，并最终依靠链群合约和用户付薪的机制获取用户增值分享。

例如某科研小组，在小帅影院的设计优化过程中，以提供技术和持续同用户交互作为交互节点，抢入了小帅影院的链群，并最终分享到了预期报酬。类似的案例还有空气网链群吸引的某空气动力研究院科研小微，他们解决了空气直吹不舒服的用户痛点，以自然送风和冷风混合送风，得到了用户认可，最终也获得了增值分享。

第二种情况是以加入组件库的方式参与海尔黑海生态体系，与海尔场景库中涌现出的新需求和新体验交互。例如双立人、海澜之家、宝洁等品牌，它们积极参与海尔设计场景中的用户新需求交互，并把原来的产品变为网络节点，以无缝体验的方式把产品嵌入场景中，得到了增量市场的用户增值，海尔为此也有了生态收入。

第三种情况是以学习和咨询方式借鉴海尔人单合一管理模式，按照人单合一管理模式的管理逻辑，优化内部的企业管理。在前面提到的国际化企业，如谢韦尔集团公司、美国GEA等就是这种学习方式。

在国内市场，比如中石油、中石化、中远海运、中国外运等央企都有借鉴，例如中石油提出的"事先预算，人人都是经营者"，再如中国外运提出的"打造新的增长极，让人人面对市场"等管理思路，都有借鉴海尔管理模式的迹象。

我参与了白云国际机场《春风服务"基本法"》的设计，也借鉴了海尔人单合一管理模式中生态品牌的内涵，认为其品牌诉求目标是生态的，包括旅客、合作伙伴、内部员工等利益攸关方，对不同的目标群体，服务价值塑造的方式也各异，但大家有共同的目标，就是顾客至上。

青岛华通资本旗下的华睿停车跨界品牌建设、山东星志交通的5G信号杆设计、华仁物业（隶属于上市公司雅生活）的精益服务小组组建、山东龙强食品公司的两个品牌矩阵设计、满洲里套娃酒店的服务小微（服务项目小组）、达翁建材超市的品牌商生态经营、海洋化工研究院和北京橡胶研究院的产业化项目组成立等我亲身经历的咨询项目，都有借鉴人单合一管理模式的印记。

当然，学习海尔人单合一管理模式的方式还有其他形式，例如国内各大院校商学院聚焦人单合一组织变革范式，自发组建的研究团队，在横向课题立项和纵向课题输出解决方案等方面得到了国家、社会和实践企业的大力支持。

"月印万川，随波逐浪。"人单合一模式在国内市场的实践进化和理论升级将惠及更多的国内企业，实现高水平科技自立自强，落脚于高质量企业的创业创新，让物联时代的管理新基准诞生在美丽富强的中国。

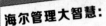

海尔管理大智慧：借来的火点不亮自己的心灵

海尔人单合一管理模式在国内企业界同样受到了极大的关注，每年来海尔参观学习的人次都达 1 万以上。

企业管理创新模式的借鉴分为理论逻辑和实践逻辑。前者更注重方向和方法论，而后者更注重方法和落地工具。

试图借鉴其他企业管理模式的经营者，必须要明白一点：管理具有强烈的场景性，不同企业，甚至不同企业在不同的发展阶段，与其匹配的管理模式迥然。管理模式的有效性对企业经营者来说是一种挑战，这种挑战来自企业运营本身，更来自市场环境的变化。

德鲁克有句经典的判断："有效性虽然人人可学，但却无人可教。"这就要求企业经营者和管理者在借鉴别人成功企业管理模式的同时，必须思考管理问题背后的问题本质。不去探索适合企业本身特质的创新路径，企图找一个捷径，等待别人提供一个现成的理论或模式，那一定与有效性无缘。如同禅宗里的一句话："借来的火，点不亮自己的心灵。"

张瑞敏在多个场合坦诚：在管理模式有效性的探索上，他的体会是"创新—求是—创新"。在学习提高有效性的目的下去创新，再将创新的成果以求是的态度去探索其中规律性的东西，并在这个规律的指导下，向更高层次的创新冲刺，以求在不断学习有效性的过程中成为一名卓有成效的管理者。

由此，"学者生，仿者死"，借来的火必须先点燃自己心中的蜡烛，才可以薪火相传。

第九节　管理透视之身也有界，思也无疆

人单合一管理模式是动态的、开放的、发展的，它在具体的实践中自驱动、自演进、自进化和自迭代，这也是生态化管理模式的魅力所在。

2015年11月中旬，张瑞敏在英国伦敦被授予世界50大管理思想家——"最佳理念实践奖"，获奖的原因还是人单合一管理模式在企业管理中的具体推行和使用。在领奖期间，张瑞敏专门去祭奠了位于伦敦的马克思墓。在马克思墓碑上，有这样一句墓志铭："哲学家们只是用不同方式解释了世界，而关键的问题在于改变世界。"

后来张瑞敏在多次场合引用这句话，企业管理者区别于哲学家的本质在于，前者需要以行动改变，后者只是解释了现象的本质。换句话说，就是前者需要实践"怎么做"，而后者只需要解释"是什么"。人单合一管理模式不仅解释了物联网时代管理的内核是什么，而且在海尔内部力行推广，复制样板，并不断演化，积极探索"怎么做"更好。

陆有尽头，海亦有涯；身有界，思无疆。人单合一管理模式的实践或许还有场景，但它的迭代升级却是无止境的。犹如美国纽约大学宗教历史系教授詹姆斯·卡斯在1987年所著《有限与无限游戏》一书中所言："世界上至少有两种游戏，一种可称为有限游戏，另一种可称为无限游戏。有限游戏以取胜为目的，而无限游戏以延续游戏为目的。"张瑞敏不止一次强调：好的管理模式一定是无限游戏，它将不断升级和适应新的时代，而非静止固化。

这恰如人单合一管理模式的核心宗旨，基于它所建造的黑海生态体系，必将在物联网时代涌现出一片片连绵起伏的"热带雨林"，各类企业相逐而生，相生共存，犹如林中万物，繁荣葳蕤，生生不息，万世不竭。

跋 1 ┃ 海尔"人单合一"让人的价值最大化

魏建玲

初识印象：事无巨细，自驱为王

我认识刘春华已经23年了，23年前刘春华刚刚大学毕业就职于海尔。

记得那是1999年6月，我随央媒记者团参加"青交会"，后到海尔参观采访，在海尔的接待人员中，刘春华给我的印象很深刻。

他非常热情，嘘寒问暖，比如天气不好他会安排准备雨伞，提醒大家根据温度变化穿薄一点还是厚一点，参观时哪个车间能拍照、哪个车间不能拍照等（那时没有微信和群，都要口头不厌其烦地说）。刘春华做事严谨仔细，他会确认预期效果中所有不确定的因素，例如采访的消息写多少字，多少字的消息容易发布，综述文章怎样选角度，等等。

有朋友问他："学什么专业的？"

"本科学的是机械设计与制造。"

"你属于跨行业了，但你仿佛就是新闻系毕业的……"

"……"

有人评价，一个爱提问题的人说明他有想法，一个想做事的人会把做事当成快乐。

我是山东临沂人，去青岛也有回家的感觉。我的脑海满是亲切的乡音和亲情，所以与海尔人打交道的时候总是非常开心。

从海尔回到北京的第二天，刚进办公室，同事喊我接电话。是刘春华打来的，他先问我昨天几点到家？路上顺利吗？老师们辛苦了！接着说：

"已经给您信箱发了个消息稿，请您修正。您看看能发吗？能发几版？能发多大版面？能配照片吗？大概哪天出来……"

刘春华这种把企业的事情当作自己的事情来做的精神，其实就是"人单合一"精神的诠释，他所有的工作热情都是自驱的，而非他驱。

在后来的工作中，我接触过的企业品牌负责人非常多，我敢说，像刘春华这样不断"提各种要求"，始终以市场效果为导向的人凤毛麟角。我觉得，是海尔成就了刘春华"人单合一"的工作素养，刘春华后来取得的行业成就，这种海尔特质的素养功不可没。

"奥运"升级：人单合一，用户第一

大概是 2006 年的春天，刘春华来电话说，海尔"白电"赞助奥运成功，以后会经常来北京做活动，海尔空调将启动奥运品牌工程。

我表示祝贺，还说那可以经常见面了。

刘春华要我帮他推荐几家权威媒体，尤其是有独到见解的媒体记者。

"有什么要求？"

"一要文笔好，写稿件质量优的。"

"明白。"

"二要人品要好，思路深邃的。"

"三要不经常跳槽的，不能这个星期在，下星期换单位了。"

"四要有创新思维的，反应速度快的。"

"五要最好是有行业内采访经验的。"

我打断了他的话："兄弟，组织部考察干部也没有这么苛刻，你们不就开个发布会吗？"

刘春华解释道："张总（指海尔张瑞敏董事会主席）说，成功源于细节，海尔一直走在探索的路上，我们要借助奥运做国际化品牌传播，还要把'人单合一'模式进行大众化解读，就是要把海尔打造成一个与众不同的时代企业……公共关系也是海尔的利益攸关方，我们希望大家一起走，所谓'志同道合者，不以山海为远'。"

刘春华是海尔文化的践行者，更是"人单合一"理念的传播者。当我第一次听说"人单合一"这个新词的时候，很多人都云里雾里，我说，刘春华就是那个"人"，你们看看就知道了。

刘春华后来反复解释，人单合一的"人"就是员工，"单"就是用户需求，要把员工和用户需求结合到一起……用户的需求是多变的，是难以预测的，这就倒逼人的素养要高，因此海尔要求"人"的素质相对"苛刻"一些：自驱动，自运转，自增值。

后来，关于人单合一管理模式在全球的国际化，张瑞敏总结出了"沙拉式文化模式"。海尔兼并了很多企业，用"沙拉式文化"统一。即各种各样的不同"蔬菜"，每一种蔬菜代表一种文化或者一个国家的个性化文化模式，但"沙拉酱"是统一的，就是人单合一。例如海尔兼并的日本三洋，没有改变它的团队成员组成，只是用人单合一来改变团队精神的方向——过去的团队精神是听领导的，领导让你干这件事儿，今天晚上不睡觉也要干出来；现在不是听领导的，团队精神必须和用户连在一起，干的是用户想要的才行。

新西兰的斐雪派克的制造工艺非常好，具备工匠精神。过去的产品价格非常高，卖得也好，但最后亏损，为什么？由于产品的研发只是自我欣赏，精美绝伦的产品未必是用户需要的。后来，海尔把斐雪派克的研发、产品体验面向全球用户，按照人单合一的模式，来持续迭代用户的体验，让用户的需求在生态系统内得到满足，这种做法不仅使企业扭亏为盈，而且后劲十足。

人单合一，这个本属于海尔的专用名词逐渐地被国际化、大众化了，它具有普适性。我的理解很简单，人单合一就是把用户价值第一放在第一位，因为用户价值第一，所以代表用户来交互体验方案的员工，也就是海尔创客也超越了股东，放在了第一位。

成功转型：道不远人，一以贯之

刘春华在海尔集团工作了 12 年，做过海尔空调的品牌总监、企业文化总监和营销总监，后来到浙江帅康集团任常务副总裁，媒体界给他的标签是"中国知名职业经理人"，我觉得是实至名归。

2014 年下半年，他的工作开始转型，向企业家管理培训进发。起初是被动的，据说第一次是"救场"，因为前面的老师临时没有到场。但那次在北大的授课极其成功，他因此被培训界关注。兼之他高级职业经理人的经历，转型的企业家都希望他能讲讲大企业管理运营的逻辑和具体实战。刘春华按照"人单合一"的精神，精心准备，每每不辱使命，让企业家受益匪浅。

"桃李不言，下自成蹊"，刘春华的企业管理课涉及营销、品牌、战略和企业文化，他讲课讲得更多的是经历和感悟，课堂上掌声不断，思考不停，互动热烈，因为讲得好，声名鹊起，来请的人越来越多，包括清华、北大特聘他为总裁班的客座教授。

我常诧异，刘春华的每堂课都很有"场景性"，也就是"人单合一"中强调的"场景颠覆产品"，为何每堂课仿佛都是定制的，这得需要多大的付出啊，为何刘春华仿佛就是"信手拈来"呢？刘春华自己说："你看到的毫不费力，其实背后都是拼尽了全力。"

刘春华的课程排得非常满，一年中 160 多天在讲台上，还不算我时不时地给他一些计划外不讲理的"任务"，他的工作紧张而且繁重。其间，刘春华挤出难得时间还要著书，已经出版的有《华为营销基本法》和《营销拐点突围》，现在是即将付梓的《人单合一：学得会的海尔管理法》。刘春华用"披星戴月"来形容它写书的经历，而我说，你的窗前都是"下弦月"，因为都是后半夜了。刘春华笑笑说，不见"下弦月"的人不是奋斗者。

我见证了刘春华从一位新员工成长为海尔最年轻的中层、高管，后来在帅康集团做核心高管，又成长为一位优秀的职业培训老师。我听过他各种形式的课，从苦口婆心地给新员工讲诸子百家，到给央企老总讲如何"破茧化蝶""自杀重生"，听者的反响是一样的：百听不厌，百听百新。

有一次，一位浙江的企业家在浙江大学的课堂给我发信息，说："今天的企业管理课老师讲得太好了，可我因为早上来迟到，他有一本新书《华为营销基本法》没买到，我追着找老师，老师说只有北京有货。您能在北京帮我买一本吗？"我问，哪位"神"先生，著的什么大作啊？这位朋友发来上课时老师的照片，还把书名、出版社和作者写给我，我一看，嘿，这不是刘春华老师吗？这世界也有这么巧的事，我告诉朋友，这书稿我都有，这位神教授是我朋友。

其实很多人写过海尔的书，有些我也认真读过，但海尔的精彩唯有企业内的人和企业外的人"合一"的才能写得出来，刘春华显然具备这种背景。

我也是和海尔一起成长的人，张瑞敏曾开玩笑说我是海尔的名誉员工，我几乎每年都要去海尔几次，只要有与海尔有关的信息，我都关注。第一，我觉得改革开放以来，海尔是最具探索精神的民族企业；第二，海尔是我家乡的企业；第三，我认为海尔的企业文化有儒家人文情怀和道家哲学超越；第四，在家电领域与国际品牌竞争的厮杀中，海尔以诚信服务赢得了用户（我去过很多国家，问及他们知道中国哪些品牌时，他们不假思索地说海尔啊，为什么？服务啊，打个电话，立马就来）；第五，他们是最具企业家精神和工匠精神的企业，40多年来他们一直走在探索的路上，不管是激活休克鱼还是人单合一，还是平台化创客模式、物联网生态品牌，都是中国企业管理模式的成功范例。

但写海尔的书总觉得缺点什么或不尽人意。一是因为海尔人从来不写，也许是怕有自夸过誉之嫌；二是外面的人也许觉得不了解透彻不敢落笔，大胆地写了又没写到点上。刘春华写人单合一，有入世者的切身感受，也有出世者的冷眼旁观，基于我对海尔与刘春华20多年风雨同行的了解，我读这本书的初稿后，毫不犹豫地为他点赞。

张瑞敏一直强调"人的价值第一"，通过人单合一模式，海尔变成创业平台，每个人都拥有创业机会，从成就企业家个人到成就一群企业家。他曾在《海尔人》报纸上评价刘春华是一个能跳起来抓住机遇的年轻人。张瑞敏慧眼识人，应该说他看得很准，刘春华的成功原因，有海尔的培育，也有他自己的努力，也可以说他是海尔"人的价值第一"的成功范例。

刘春华是一个不一味死读书的人，他能够把理论和实践相结合并且进行提炼升华；刘春华是一个妙笔成文、出口成章、藏头诗立等可取的人；刘春华还是一位灵活多变的节目点评嘉宾，才华横溢这四个字用在他身上，一点不夸张。天津卫视的《非你莫属》上，刘春华的犀利和专业给大家留下了深刻印象。所以他的企业管理课，无论管理、营销、品牌、企业文化、人力资源、战略设计都生动活泼，从不枯燥。中铁工业、中国石油、中国中化、白云国际机场等全国近500家企业都是他辅导过的企业。

如今，刘春华的事业一路向好，我也推荐大家读他的新作，这本书里满是海尔诠释的创新"道不远人"，更有作者刘春华"一以贯之"的创业探索精神。

以此撰文，是为跋。

作者系品牌中国战略规划院副秘书长、《国际商报财富周刊》原主编、商务金融网总编辑

跋 2 | 借海尔智慧，助企业稳健成长

狄 沛

"隐形冠军"之父赫尔曼·西蒙在其自传《全球化之旅》里仔细讲解了一家企业如何能变成隐形冠军，并且预测在中国属于这一范畴企业的"种子"刚刚发芽，未来形势看好。

因此，越来越多中国的隐形冠军将登上世界舞台并会影响产品技术革新和经济发展趋势。这些企业一定能够长大，成为具有世界级影响力的企业，主要是因为企业具备有远见又有气魄的创始人。他们不只看到了市场机会，也通过管理创新巧妙利用这些机会。

海尔集团，这家位于青岛的管理和技术导向型企业，早已从"种子"成长为国际知名品牌。现在，它不只生产智能之家全套产品，而且同时提供包括物联网驱动下的整体解决方案。这家公司当然不是"隐形冠军"，它已经成了受人瞩目的明星企业。它所倡导的"人单合一管理模式"是所有想成为"隐形冠军"企业的范式。

刘春华先生在《人单合一：学得会的海尔管理法》这本书中探寻并专业地分析了海尔集团管理法的成功奥秘。借助这本书的提示，每一家企业都可以分析自己的特点，从而找到适合自己企业发展的特色之路。详细了解和分析海尔人单合一管理模式，所有的学习者都能找到自己的答案或受到启发。因为，海尔的"人单合一管理模式"是发展"隐形冠军"的中国智慧和世界理论。

海尔人单合一的管理理论，让每一个企业经营者都可以学得到，如何有战略、有步骤地建成全球受欢迎的国际化品牌。

作者系青岛中德生态园媒体宣传主管、《致远》(China insight) 杂志主编

笔者备注：狄沛先生是山东引进的德国专家，对企业管理和品牌有独到的见解。感谢他为本书做跋文。

附 录 ▎海尔高频字典

一、海尔生态战略

1. 生态吸附力

生态吸附力是评价物联网生态品牌及商业生态系统的标准之一。创物联网生态品牌，必须打造无边界的商业生态，让一流的人才和资源方不断涌入生态，这既是目标也是实施路径。所以，企业需要生态吸附力，从而使资源方蜂拥而至，不离不弃。生态吸附力的原则是增值、分享、进化。

2. 黑海战略

黑海战略原指完全没有规律的残酷的市场竞争，海尔所提倡的黑海战略则是指无法被模仿的生态体系。未来企业竞争的不是产品而是生态，谁先做起生态谁就会赢得一切。海尔将高端品牌、场景品牌、生态品牌三个品牌的体系称为黑海战略。这其中也包括了体验云的体系。通过"体验云众播"，实现海尔模式的不可模仿。

3. 生态系统

经济学家詹姆斯·穆尔提出的"商业生态系统"是指"以组织和个人（商业世界中的有机体）的相互作用为基础的经济联合体"。生态系统中的各商业有机体一荣俱荣，一损俱损，有整体价值大于个体价值之和的特点及优势。海尔的生态实践丰富了"生态系统"的价值含义，强调生态中"人的价值最大化"，这里的"人"，一指用户，二指员工，三指生态中的利益攸关方。同时，海尔以自身组织变革实践补充了"生态系统"的组织学意义，为物联网时代的企业组织变革提供了指引。

4. 生态品牌战略

2019 年 12 月 26 日，海尔集团正式发布第六个战略阶段——生态品牌战略。以链群合约和体验云为基础，实现用户去中心化的自信任、价值去中介化的自传递和新物种自涌现，创世界级物联网生态品牌。海尔物联网生态品牌建设的短期和长期目标分别是模式引领和新增长引擎。模式引领即人单合一模式的引领，新增长引擎即打造物联网时代的新增长引擎。

5. 灯塔工厂

灯塔工厂较为专业的解释为规模化应用第四次工业革命技术的真实生产场所。在 2018 年，由世界经济论坛与麦肯锡合作，调研全球 1000 多家领先的制造业厂商，经过 4 个月的严格筛选，审议并确定下来 9 家全球首批灯塔工厂。海尔也成为唯一入选全球首批灯塔工厂的中国企业。海尔"以用户为中心的大规模定制模式"——以人工智能主导转型，包括搭建从用户下单、智能生产到用户体验迭代的大规模定制平台和远程人工智能技术支持的互联工厂智慧服务云平台。

6. 智能合约

智能合约是一种旨在以信息化方式传播、验证或执行合同的计算机协议。智能合约允许在没有第三方的情况下进行可信交易，这些交易可追踪且不可逆转。海尔的链群合约实质上是一种契约，通过去中心化多方对赌契约的签订约定不同利益主体的小微及利益攸关方的权责关系。它同智能合约一样，同样具有可追溯、不可更改和公开系统三大特征。但与智能合约不同的是，链群合约还具有用户体验可迭代的特征，这是超越区块链智能合约的。

7. 黄金圈理论

黄金圈理论由西蒙·斯涅克提出，由三部分组成，由内到外分别是为什么（Why），怎么做（How），是什么（What）。海尔在互联网转型中以它为思维模式，对海尔的启示有三层：自内而外的思维，而不是自外而内的思维，无论考虑什么问题，都要从为什么切入，而不是从是什么切入；在同心圆的逻辑中，一定要研究怎么做，有一个方向，就必须有一个路径；并且要以为什么为主旨做闭环优化，新目标要以新的体系来实现，为什么不断变化，不断挑战现状。最核心的是中间的圆，就是"为什么"，所有的事情都是从"为什么"开始，为什么有一个新的目标；第二个圆是"如何做"，其实就是把"为什么"如何落地，是"为什么"的路径；最后一个圆是目标，怎样让新的目标来实现。

8. 生态品牌

生态品牌是企业在物联网时代创建的一种新型品牌形态，是企业围绕用户体验迭代，通过网络连接能力打造诚信生态圈，实现利益攸关方共享共赢的生态收入和社会价值，进而在消费者心中形成具有强大引力的星际生态的一套企业识别系统。它是企业在物联网时代竞争力的综合体现，通俗地讲就是企业能够动态满足所有用户的所有需求的能力。例如衣联网生态圈，用户因洗衣机产品的缘分和海尔在社群中高频交互，产品也可快速迭代，但用户的需求不仅仅是洗衣机，还有高端衣物护理、购置新的衣物、衣物存放等需求，这些只凭海尔一家企业是满足不了的。海尔以用户体验为中心，既然用户有这方面的需求，海尔就整合生态合作方进来与用户交互、满足其体验。

9. 爆款

爆款是指在商品销售中，供不应求，销售量很高的商品。通常指卖得很多，人气很高的商品。在海尔集团对爆款的定义是指各个领域中人气超高的模式、服务、产品等。

二、海尔生态平台

10. 血联网

血联网是通过创新物联网技术，搭载物联网智能血液冰箱和物联网转运箱，实现从"血管"到"血管"全流程血液信息可监控和可追溯，提供"急救零等待、用血零浪费、信息零距离"物联网血液安全解决方案的智能血液网生态圈。血联网实现了血液在收集、储存、运输、使用全过程的可溯源，通过物联网技术实现储品环境信息实时监控上报、超限报警记录及分析、运输全程轨迹定位功能。

11. 食联网

食联网是基于物联网技术的诚信服务平台，为家庭提供成套智慧厨房解决方案的同时，为用户提供个性化健康膳食、安心食材直供等服务。食联网生态覆盖多个行业，面向用户多元化需求，搭建生态，整合资源，打造一站式解决方案，让用户吃得健康，买得安心，存得放心，做得省心，洗得方便，是攸关方共创共享的诚信平台。

12. 衣联网

衣联网生态平台是海尔基于物联网、区块链等现代技术打造的衣物全周期的管理平台，以创造和迭代用户体验为中心，依托物联网家电和物联网技术，打通企业生产端、门店销售端以及用户家庭端，实现洗衣机、服装、家纺、洗涤剂以及物联技术企业等跨界融合，共创服装产业新生态，持续满足用户个性化消费需求。在为用户提供衣物"洗、护、存、搭、购"全周期的智慧解决方案的同时，赋能服装家纺、营销门店、洗护产品等攸关方转型升级，实现生态共赢。

13. 卡奥斯

2015 年，海尔在行业内率先布局互联工厂。此后，海尔又推出了全球首家引入用户全流程参与体验的工业互联网平台卡奥斯。通过平台，用户可以参与产品设计、研发、生产、物流的全过程，实现大规模制造向大规模定制的转型。卡奥斯是以大规模工业解决方案为核心的，提供全流程解决方案服务的工业互联网平台。卡奥斯以用户体验为中心，提供大规模定制解决方案，重塑产业价值链和生态链，赋能企业、用户、资源方等，构建共创共赢的制造业新生态体系。

三、人单合一管理模式的机制与工具

14. 创客所有制

创客所有制是创客合伙人激励与约束机制的简称，是以"创客"为本的激励与约束机制。被激励的创客合伙人，在达成目标并符合条件下，可以获受相应的"创客份额"或"创客股权"，其性质上不等同于法律意义上的"股份"，但根据海尔集团创客合伙人的相关规则执行相关权利、履行义务。创客所有制，是在不改变企业现有产权性质的基础上，顺应物联网时代的要求，为激发全员创新活力而设计的创新机制。以其开放性、动态性和激励相容的特性，避免传统激励机制的局限，是对现代企业激励机制的有益探索和创新。

15. 按单聚散

海尔集团自 2012 年底开始提出"按单聚散"的概念。"单"是用户价值，单有多大，平台型组织就要整合多大的资源来满足它。每个节点都是一个接口，既接向用户个性化需求，又接向一流人力资源来满足需求。节点即接口，接口即对缝。在每一个节点上，相当于动态聚集了各节点小微，还有分供方、合作方，这几方形成一个利益共同体，从不同角度为用户创造价值，并按照事先预酬自动分享。"聚散"指的是一流资源的聚散。在互联网时代，在开放系统中，资源则是无限的。互联网的特点是平等，网络上的一流资源对每一个企业也是平等的，谁能整合到这些资源，谁能吸引到更高水平的资源，取决于你是不是平台，以及你的平台有没有足够的吸引力。

16. 生态矩阵

在物联网时代，产品必将被场景所替代，智能网器构建的场景能够实现与用户的深度交互，为用户创造价值。人单合一矩阵分为生态矩阵和链群矩阵。

雨林是指生态收入和产品收入双高的场景。

湿地是指生态收入高，但产品收入较低的场景。

草地是指生态收入低，但产品收入较高的场景。

沙漠是指生态收入、产品收入双低的场景。

17. 对赌机制

员工承诺实现有第一竞争力的目标，管理者为员工提供事先算赢的资源，承诺流程、机制都到位，最终为客户创造价值。在满足客户需求的过程中，确保客户、企业、员工都实现双赢的一种做法。"对赌"的本质、内涵，简而言之就是：为客户创造价值，为企业带来增值，员工实现自身价值体现，实现共赢。对赌机制的本质是用户驱动体系取代传统的指挥和控制体系，对赌本身是手段，其目标是驱动内部并联生态圈和外部用户体验生态圈的融合。

18. 链群合约

链群合约是对赌契约的升级，通过契约更好地协同链群间各成员间的关系。海尔制冷星厨链群是集团的第一个探索链群合约的样板，同步开发线上契约系统，实现从亮单、抢单、对赌目标、分享测算的全流程线上操作。链群合约实质上是一种契约，通过去中心化多方对赌契约的签订约定不同利益主体的小微及利益攸关方的权责关系。体验云是创生态品牌的基础，链群合约则是体验云的基础。

19. 损益表

传统财务报表的损益表，就是收入减成本、减费用，等于利润；海尔的损益表则是全新的理念："收入"，与传统财务报表的收入项相同；"益"（收益）指的是通过做自主经营体、为用户创造价值而获得的收入；前面两者的差就是"损"（损失），因为这些数不一定为用户创造了价值，是不可持续的，也就是当前工作的差距。损益表清楚地表明了创造用户价值的正确方向。

20. 日清表

日清表是海尔在探索人单合一双赢模式过程中创新的显示工具，其任务是关闭差距，关差的主要内容是创新平台、创新流程、创新机制，把这些创新的工作形成每天的预算，每天进行日清。这张表精确到任务完成的流程时效。

21. 单人酬表

单人酬表以员工创造资源为导向，是员工和自主经营体自我经营的最终结果。海尔的自主经营体三张表是以人为本，即以员工创造资源为导向，是"人本主义"。海尔人单合一双赢的核算体系引起美国管理会计协会的关注，因为突破了科斯理论的天花板，每个员工都将自己的收入与为用户创造需求的价值有机结合在一起，被认为是未来管理会计的新出路。

22. 共赢增值表

共赢增值表是海尔在共赢模式下最终落地的财务显示工具，从用户资源、利益攸关方、生态价值、收入、成本、边际收益六大一级指标显示海尔生态财务状况，是海尔打造共创共赢、增值分享的二元生态企业的财务驱动方法，是海尔实现人单合一战略的主要工具。共赢增值表不仅能反映企业财务的状况，还能反映企业财务状况的原因；不仅能够指导企业内部员工创新创业，以事前算赢、事中日清和事后付薪的机制实现用户和员工价值合一，还发展了生态。通过加入利益攸关方，反映收入的来源和成本的去向；与利益攸关方相互关联，反映利益攸关方与企业关联的深度和广度。

23. 场景体验师

不同于传统直销员，场景体验师为用户提供的是以场景为单元的一整套场景体验解决方案服务。单场景体验师更专注于某一个场景，而首席场景体验师则具备全场景体验解决方案的服务能力。这也是在海尔场景生态中诞生的新概念。

24. 非线性自演进

物联网企业的管理概念：从线性管理到非线性管理。线性管理的前提是科层制企业基于命令和管控的职能管理，非线性管理的前提是网状节点组织基于共享平台的资源提供和服务。线性管理的输入决定输出，而非线性管理的自演进倒逼资源的开放和涌入。海尔模式对传统线性管理的颠覆：传统管理范式下，管理思维具有机械论的特色，"计划"而非"演进"成为主要的定式，但海尔共创共赢生态圈的培育和建设具有自演进的特征，生态圈就像一个生命体生生不息，并且可以演进出意料之外的新物种。

25. 用户付薪

用户付薪是海尔探索的互联网企业薪酬机制，员工听用户的，为用户创造价值，其价值由用户评价，薪酬来自为用户创造价值的超利分享。用户付薪是海尔人单合一模式坚持的底线。要达成"用户付薪"，很重要的一个管理工具就是"共赢增值表"。传统企业的损益表是收入减成本和费用等于利润，所有人的薪酬都吃企业的大数。海尔的做法是改变为每个小微都有一张共赢增值表，只有创造了用户资源才能实现个人的分享。"共赢增值表"的目的就是使生态圈中的所有利益攸关方都实现共赢增值，因此海尔提出"同一目标，同一薪源"，价值导向小微所有成员的目标一致、目标达成，才能得到相应的薪酬，目标达不成，全流程的薪酬会受到影响，这也避免了节点小微间互相扯皮的问题。

26. 社群

社群是从顾客到用户的最佳体验生态圈。海尔模式对传统销售理论的颠覆：传统模式下，企业只有一次性交易的顾客，没有持续交互的用户。过去，企业以产品为中心，产品生产出来以后发给经销商，经销商再发给分销商，再到零售商，最后卖给顾客。企业在这个过程中靠广告、促销追求销量。海尔模式则是以用户全流程最佳体验为中心，从产品企划阶段就在网上与用户交互需求，用户可以参与产品的设计、研发、生产、制造、营销全流程。传统模式下，企业是"卖产品"，物联网时代海尔的探索则是"买用户资源"。

27. 倒三角组织

海尔在探索人单合一管理模式过程中，将"正三角形"的组织结构颠覆为"倒三角形"。一线经理在"倒三角形"组织的最上面直接面对顾客；管理者则从"正三角形"的顶端下沉到"倒三角形"的底部，从发号施令者变为资源提供者。原来的职能部门被重新解构，研发、生产、营销、物流、财务等所有人员成为一个新的组织；这个组织可以独立核算，完全承担市场目标责任，从而也能因为责任目标的完成而获得应有的效益。

28. 小微

小微是由创客按照用户需求在海尔孵化平台上自主注册、独立运营、拥有独立决策权、用人权、分配权的海尔组织架构的基本单元。小微有三种类型，第一种是用户小微，他们要与用户交互，满足用户需求；第二种是节点小微，他们是研发、物流、供应链等支持平台被拆分成的小微。用户小微和节点小微之间是网状联系，他们之间的财务关系是市场契约的关系。第三种是共享平台，即原来的职能部门被倒逼成为用户小微和节点小微提供共享服务的平台。

29. 链群

2019 年 1 月初，海尔集团创新地提出适应物联网时代引爆的生态链小微群（简称"链群"）的组织体系，以链群作为满足用户需求和体验迭代的基本单元。链群即"生态链小微群"。小微是链群的基本单元，彼此间是独立的非线性并联关系。小微直接面向用户社群，与用户交互，得到用户新的体验升级的需求；创单链群负责来具体落实，不断迭代用户解决方案去满足用户的体验需求。

【鸣谢单位】

（以下顺序不分先后）

1. 中国移动通信集团有限公司
2. 中国联合网络通信集团有限公司
3. 中国中化控股有限责任公司
4. 中国石油天然气集团有限公司
5. 中国核工业集团有限公司
6. 中外运航运有限公司
7. 中远海运物流有限公司
8. 中国中铁科工集团
9. 东风汽车集团有限公司
10. 广州白云国际机场股份有限公司
11. 海尔智家股份有限公司
12. 苏宁易购集团股份有限公司
13. 真快乐 App
14. 北京新能源汽车股份有限公司
15. 珠海天威飞马打印耗材有限公司
16. 珠海天威控股有限公司
17. 江西黑猫炭黑股份有限公司
18. 青岛明月海藻集团有限公司
19. 三棵树涂料股份有限公司
20. 雅生活集团华北区域
21. 满洲里口岸旅游股份有限公司
22. 重庆新鸥鹏企业（集团）有限公司
23. 青岛华通国有资本运营（集团）有限责任公司
24. 青岛国信发展（集团）有限责任公司
25. 广西广投医药健康产业集团有限公司
26. 深圳市百森鞋业有限公司
27. 北京橡胶工业研究设计院有限公司
28. 海洋化工研究院有限公司
29. 海尔卡奥斯股份有限公司
30. 青岛赛维电子信息服务有限公司
31. 中铁资源苏尼特左旗芒来矿业有限公司
32. 黑龙江省北大荒米业集团有限公司
33. 黑龙江古道庄园米业有限公司
34. 家家乐康（山东）医养健康产业有限公司
35. 鹏为软件股份有限公司
36. 山东星志交通科技有限公司
37. 青岛华仁物业股份有限公司
38. 山东元和农业生物科技有限公司
39. 青岛达翁集团股份有限公司
40. 巴洛克木业（中山）有限公司
41. 威海索通节能科技股份有限公司
42. 青岛红建投资控股集团
43. 凯美家用品（青岛）股份有限公司
44. 青岛红星化工集团有限公司
45. 青岛润水水务技术咨询服务有限公司
46. 青岛中科华通能源工程有限公司
47. 万达国贸集团有限公司

48. 浙江尚纬电子商务股份有限公司
49. 东营港建设投资有限责任公司
50. 济宁九龙贵和集团商贸有限公司
51. 青岛阿斯顿工程技术转移有限公司
52. 青岛环海新城投资有限公司
53. 青岛和成实业有限公司
54. 青岛鑫龙辉国际物流有限公司
55. 青岛晨菊运输公司
56. 金宇信息技术有限公司
57. 江西省康瑞投资有限公司
58. 青岛西海岸人才生态产业集团有限公司
59. 青岛东海药业有限公司
60. 青岛中纺亿联时尚产业投资集团有限公司
61. 山东省如是书店
62. 中国太平保险集团有限责任公司（福建分公司）
63. 北京源名盛为公关顾问有限公司
64. 山东国拓教育科技股份有限公司
65. 青岛欧亚传媒有限公司
66. 圣历实业发展集团有限公司
67. 青岛品源知识产权代理有限公司
68. 北京大学经济学院
69. 上海交通大学管理学院
70. 南开大学商学院
71. 浙江大学公共管理学院
72. 中国海洋大学管理学院
73. 西南财经大学
74. 北京大学元培学院
75. MBA 智库百科
76. 环球人力资源智库
77. 北清智库（北京）教育科技有限公司
78. 北京大学博雅产学研基地
79. 上海时代光华教育发展有限公司
80. 北京知行韬略管理咨询有限责任公司
81. 宏兴长城商学院
82. 中科证道产业学院
83. 北丰商学院
84. 北京正商书院
85. 深圳市英盛网络教育科技有限公司
86. 北京华数云网科技有限公司
87. 润千秋总裁俱乐部
88. 深圳市创祺企业管理咨询有限公司
89. 蚂蚁私塾 App
90. 河南清大教育科技股份有限公司
91. 佳能 BIS 商学院
92. 北京先闻道企业管理顾问有限公司
93. 思迈尔师资服务
94. 青岛市人大代表教育保障中心
95. 青岛西海岸新区品牌推广办公室
96. 青岛中和泰睿企业管理咨询有限公司
97. 青岛慧人方舟管理咨询有限公司
98. 青岛骥达企业管理咨询公司
99. 青岛睿海财智私董会教育咨询管理有限公司
100. 青岛华商智业企业管理咨询有限公司
101. 青岛华商私塾教育科技有限公司
102. 品牌中国战略规划院
103. 保定品牌促进会
104. 青岛市工商联
105. 青岛市东营商会
106. 青岛市淄博商会